# 머리말

「현장에서 바로 쓰는 면세점 실무 일본어」는 면세점에서 바로 구사할 수 있는 생생한 일본어 학습을 도모하기 위해 기획되었습니다. 현장에서 사용되는 일본어 표현을 장소와 상황으로 나누었으며, 이를 익히기 위해 면세점 현장에서 판매 시 자주 사용되는 〈기본 문형〉을 제시한 후, 다시 선별하여 〈연습해 봅시다〉에서 익힌 다음, 이를 〈상황 회화〉에서 활용할 수 있도록 구성하였습니다. 그리고 마지막 〈단어장〉에서는 면세점 현장에서 사용하는 단어나 어휘 표현 등을 완벽하게 익힐 수 있도록 하였습니다.

또한 면세점이라는 장소의 특성상, 고객에게 존경어 또는 겸양어를 쓰는 것이 당연하지만 너무 지나친 극존칭을 사용하면 오히려 고객들에게 거부감을 줄 수 있고, 반대의 경우에는 고객들에게 신뢰감을 줄 수 없습니다. 그러므로 저자들의 현장 경력에서 나오는 실무 지식 및 교육현장에서의 경험을 살려 실제 면세점 현장에서 사용되는 실무 표현을 중심으로 각 장의 내용을 리얼하게 구성하였습니다.

면세점 판매직원은 고객에게 만족감을 제공할 필요가 있습니다. 판매직원에게는 고객이 마음에 드는 상품을 구입하고 면세점에 대한 만족감을 느끼도록 만들기 위해 고객에게 맞는 상품을 제공하는 역할이 요구됩니다. 이러한 점을 감안하여 본 책에서는 고객이 먼저 다가가서 물어보면 판매직원이 대답하는 형식으로 구성되어 있는 기존 저서에서 탈피하여 서비스의 주체인 판매직원이 서비스의 대상인 고객에게 먼저 다가가서 고객의 니즈를 파악하고 신속하게 처리함으로써 고객이 만족할 수 있는 일본어 표현을 담았습니다.

그와 동시에 고객이 상품 또는 서비스에 만족하면 고객의 고정화와 함께 좋은 이미지가 전해져 잠재 고객들도 신규 고객으로 전환될 수 있기 때문에 자연스러운 매출증가로 이어집니다. 때문에 면세점에서는 고객의 재방문을 유도할 수 있는 판매직원의 역할이 무엇보다 중요합니다. 그렇기 때문에 판매직원의 친절한 서비스에 입각한 일본어 구사와 더불어 고객의 니즈에 적합한 상품을 추천함으로서 고객이 만족감을 얻어 재방문할 수 있도록 그 매뉴얼에 입각한 일본어 표현에 중점을 두었습니다. 특히 〈상황회화〉안에 담겨 있는 내용 중 고객 맞이→고객응대→고객배웅이 겹치는 것도 바로 이와 같은 연유에서입니다.

시대에 따라 면세점에 관련된 매뉴얼 및 상품 지식이나 트랜드 등은 달라지고 변화합니다. 그렇기 때문에 본 책에서는 시류에 맞는 매뉴얼이나 일본어 표현을 담아내고자 했습니다.

이 책을 통해 면세점, 호텔, 여행사, 항공사 등에 취업하고자 하는 학생들에게 도움이 되기를 바라며 취직한 이후에도 본 책에서 제시한 매뉴얼이나 여러 가지 다양한 상품 지식들로 현장에서의 경험 부족이나 코너 이동 등으로 발생하는 새로운 상황들에 잘 대처하기를 기원합니다.

마지막으로 흔쾌히 「현장에서 바로 쓰는 면세점 실무 일본어」 발행을 추진해주신 시사일본어사의 엄태상 대표님과 조혜연 편집장님, 진현진 편집자님에게도 감사의 인사를 전합니다.

2017년 6월 이은주 · 이은숙

책의 구성 및 활용

▶ **학**습에 앞서 우선 일본어의 기본 문자인 히라가나와 가타카나를 학습할 수 있도록 하였습니다.

▶ **면**세점에서 사용되는 각종 용어 및 기본 표현을 학습할 수 있도록 하였습니다.

▶ **상**황에 따른 고객응대방법을 학습할 수 있도록 하였습니다.

▶ **장**소에 따른 고객응대방법을 학습할 수 있도록 하였습니다.

기본 문형
학습에 앞서 상황, 장소별로 필요한 기본적인 문형을 담았습니다.

▶

연습해 봅시다
기본 문형에서 학습한 내용을 바탕으로 문형을 연습해볼 수 있도록 하였습니다.

▶

상황 회화
실제 면세점에서 이루어지는 대화를 회화문으로 실어 실제 상황을 간접적으로 체험하며 학습할 수 있도록 하였습니다.

▶

단어장
각 파트에서 새로 나온 단어, 중요한 단어들을 한데 모아 문형뿐만 아니라 어휘 실력도 키울 수 있도록 하였습니다.

머리말 _ 3

책의 구성 및 활용 _ 4

목차 _ 6

학습 구성 _ 8

UNIT 01 일본어의 문자 ... 9

UNIT 02 기본용어 및 표현 ... 15

UNIT 03 고객응대 - 상황별 - ... 25

01 고객맞이 및 배웅하기 _ 26

02 고객의 니즈 파악하기 _ 30

03 판매 관련 용어 _ 34

04 가격 및 할인 관련 용어 _ 35

05 A/S 안내 _ 50

06 결제 및 교환권 작성 안내 _ 56

07 교환 및 반품 안내 _ 72

08 매장 또는 장소 관련 안내 _ 76

UNIT 04 고객응대 - 장소별 - 　　81

01 화장품 및 향수 코너 _ 82
- 화장품
- 향수

02 부티크 코너 _ 104
- 가방 및 지갑
- 구두
- 벨트
- 의류
- 넥타이
- 스카프
- 액세서리

03 귀금속 코너 _ 158
- 보석 및 자수정
- 시계
- 선글라스

04 토산품 코너 _ 180
- 인삼
- 식품

05 담배 및 주류 코너 _ 192
- 담배
- 주류

UNIT 05 부록　　209

학습 구성

주차	내용	주차	내용
1주	일본어의 문자	16주	가방 및 지갑
2주		17주	
3주	기본용어 및 표현	18주	구두
4주		19주	벨트
5주	고객맞이 및 배웅하기	20주	의류
6주	고객의 니즈 파악하기	21주	
7주	판매 관련 용어	22주	스카프
8주	가격 및 할인 관련 용어	23주	액세서리
9주	A/S안내	24주	보석 및 자수정
10주	결제 및 교환권 작성 안내	25주	시계
11주	교환 및 반품 안내	26주	선글라스
12주	매장 또는 장소 관련 안내	27주	인삼
13주	화장품	28주	식품
14주		29주	담배
15주	향수	30주	주류

UNIT 01

일본어의 문자

주요 학습 내용

1. 히라가나
2. 가타카나

 히라가나 (50음도)

🔊 청음 🎧 Track 01

발음 ん을 제외하고 청음이라 한다.

	あ단	い단	う단	え단	お단
あ행	あ [a]	い [i]	う [u]	え [e]	お [o]
か행	か [ka]	き [ki]	く [ku]	け [ke]	こ [ko]
さ행	さ [sa]	し [si]	す [su]	せ [se]	そ [so]
た행	た [ta]	ち [chi]	つ [tsu]	て [te]	と [to]
な행	な [na]	に [ni]	ぬ [nu]	ね [ne]	の [no]
は행	は [ha]	ひ [hi]	ふ [hu]	へ [he]	ほ [ho]
ま행	ま [ma]	み [mi]	む [mu]	め [me]	も [mo]
や행	や [ya]		ゆ [yu]		よ [yo]
ら행	ら [ra]	り [ri]	る [ru]	れ [re]	ろ [ro]
わ행	わ [wa]				を [wo]
	ん [n]				

 [ ]는 음성기호를 나타낸다. 가로줄을 '행'이라 하고, 세로줄을 '단'이라 한다.

탁음·반탁음 Track 02

탁음은 성대의 진동이 동반되는 유성음으로, 한국어에서는 모음과 모음 사이에 낀 자음 [ㄱ·ㄷ·ㅈ·ㅂ]에 해당한다. ぱ행의 음을 반탁음이라고 하는데, 유성음은 아니다.

탁음	か행	が[ga]	ぎ[gi]	ぐ[gu]	げ[ge]	ご[go]
	さ행	ざ[za]	じ[zi]	ず[zu]	ぜ[ze]	ぞ[zo]
	た행	だ[da]	ぢ[zi]	づ[zu]	で[de]	ど[do]
	は행	ば[ba]	び[bi]	ぶ[bu]	べ[be]	ぼ[bo]
반탁음	は행	ぱ[pa]	ぴ[pi]	ぷ[pu]	ぺ[pe]	ぽ[po]

TIP じ=ぢ[zi], ず=づ[zu]로 발음이 같다

요음 Track 03

い를 제외한 い단의 각 글자 옆에 「や·ゆ·よ」를 작게 붙여 한 글자가 된다.
요음은 합쳐서 한 글자가 되며, 한 박자로 발음한다.

	き[ki]	ぎ[gi]	し[shi]	じ[zi]	ち[chi]	ぢ[zi]	に[ni]	ひ[hi]	び[bi]	ぴ[pi]	み[mi]	り[ri]
や[ya]	きゃ[kya]	ぎゃ[gya]	しゃ[sya]	じゃ[zya]	ちゃ[cha]	ぢゃ[zya]	にゃ[nya]	ひゃ[hya]	びゃ[bya]	ぴゃ[pya]	みゃ[mya]	りゃ[rya]
ゆ[yu]	きゅ[kyu]	ぎゅ[gyu]	しゅ[syu]	じゅ[zyu]	ちゅ[chu]	ぢゅ[zyu]	にゅ[nyu]	ひゅ[hyu]	びゅ[byu]	ぴゅ[pyu]	みゅ[myu]	りゅ[ryu]
よ[yo]	きょ[kyo]	ぎょ[gyo]	しょ[syo]	じょ[zyo]	ちょ[cho]	ぢょ[zyo]	にょ[nyo]	ひょ[hyo]	びょ[byo]	ぴょ[pyo]	みょ[myo]	りょ[ryo]

TIP ざ행과 だ행의 요음인 じゃ=ぢゃ[zya], じゅ=ぢゅ[zyu], じょ=ぢょ[zyo]로 발음이 같다.

📢 촉음 🎵 Track 04

っ를 가나의 오른쪽 밑에 작게 쓴 글자로 한 박자 취급을 한다. 촉음 っ도 뒤에 오는 소리의 영향을 받는다. か행 앞에서는 'ㄱ'음으로, さ행 앞에서는 'ㅅ'으로, た행 앞에서는 'ㄷ'으로, ぱ행 앞에서는 'ㅍ'으로 발음된다.

예)			
いっかい [ikkai] 1층	ざっし [zassi] 잡지	きって [kitte] 우표	きっぷ [kippu] 표, 티켓

📢 장음 🎵 Track 05

모음이 연달아 오는 경우는 모음을 각각 발음하지 않고 앞의 모음을 한 박자 길게 발음한다.
/aa/→[a:], /ii/→[i:], /uu/→[u:], /ei/→[e:], /ee/→[e:], /ou/→[o:], /oo/→[o:]로 발음한다.

예)			
おかあさん 어머니	/okaasan/→[oka:san]	おとうさん 아버지	/otousan/→[oto:san]
くうこう 공항	/kuukou/→[ku:kou]	とけい 시계	/tokei/→[toke:]

📢 발음 🎵 Track 06

ん은 어두에 오지 않고 단독으로도 쓰이지 않는 글자로, 발음은 뒤에 오는 소리의 영향을 받는다. 단독으로 한 박자로 발음한다.

① ば, ぱ, ま행 앞에서는 [m]으로 발음된다.

　　さんぼん [sambong] 3병　　　ナンバー [namba:] 숫자, 번호

② さ, ざ, た, だ, な, ら행 앞에서는 [n]으로 발음된다.

　　だんたい [dantai] 단체　　　あんない [annnai] 안내

③ か, が행 앞에서는 [ng]로 발음된다.

　　にほんご [nihonggo] 일본어　　りんご [ringgo] 사과

④ あ, は, や, わ행 앞이나 어말에서는 [N]으로 발음된다.

　　でんわ [deNwa] 전화　　　ほん [hoN] 책

2 가타카나

 청음 Track 07

히라가나와 발음은 같고 모양만 다르다.

	ア단	イ단	ウ단	エ단	オ단
ア행	ア [a]	イ [i]	ウ [u]	エ [e]	オ [o]
カ행	カ [ka]	キ [ki]	ク [ku]	ケ [ke]	コ [ko]
サ행	サ [sa]	シ [si]	ス [su]	セ [se]	ソ [so]
タ행	タ [ta]	チ [chi]	ツ [tsu]	テ [te]	ト [to]
ナ행	ナ [na]	ニ [ni]	ヌ [nu]	ネ [ne]	ノ [no]
ハ행	ハ [ha]	ヒ [hi]	フ [hu]	ヘ [he]	ホ [ho]
マ행	マ [ma]	ミ [mi]	ム [mu]	メ [me]	モ [mo]
ヤ행	ヤ [ya]		ユ [yu]		ヨ [yo]
ラ행	ラ [ra]	リ [ri]	ル [ru]	レ [re]	ロ [ro]
ワ행	ワ [wa]				ヲ [wo]
	ン [n]				

# 메모

UNIT 02

기본 용어 및 표현

주요 학습 내용

1. 숫자 (가격 및 조수사)
2. 방향
3. 날짜 및 요일, 시간
4. 기타

1 숫자

📢 숫자 세는 법 (한자어로 읽는 방법) 🎧 Track 08

1	11	21	31	41	51	61
いち	じゅういち	にじゅういち	さんじゅういち	よんじゅういち	ごじゅういち	ろくじゅういち
2	12	22	32	42	52	62
に	じゅうに	にじゅうに	さんじゅうに	よんじゅうに	ごじゅうに	ろくじゅうに
3	13	23	33	43	53	63
さん	じゅうさん	にじゅうさん	さんじゅうさん	よんじゅうさん	ごじゅうさん	ろくじゅうさん
4	14	24	34	44	54	64
し/よん	じゅうよん	にじゅうよん	さんじゅうよん	よんじゅうよん	ごじゅうよん	ろくじゅうよん
5	15	25	35	45	55	65
ご	じゅうご	にじゅうご	さんじゅうご	よんじゅうご	ごじゅうご	ろくじゅうご
6	16	26	36	46	56	66
ろく	じゅうろく	にじゅうろく	さんじゅうろく	よんじゅうろく	ごじゅうろく	ろくじゅうろく
7	17	27	37	47	57	67
しち/なな	じゅうしち/じゅうなな	にじゅうしち/にじゅうなな	さんじゅうしち/さんじゅうなな	よんじゅうしち/よんじゅうなな	ごじゅうしち/ごじゅうなな	ろくじゅうしち/ろくじゅうなな
8	18	28	38	48	58	68
はち	じゅうはち	にじゅうはち	さんじゅうはち	よんじゅうはち	ごじゅうはち	ろくじゅうはち
9	19	29	39	49	59	69
きゅう	じゅうきゅう	にじゅうきゅう	さんじゅうきゅう	よんじゅうきゅう	ごじゅうきゅう	ろくじゅうきゅう
10	20	30	40	50	60	70
じゅう	にじゅう	さんじゅう	よんじゅう	ごじゅう	ろくじゅう	ななじゅう

 숫자를 말할 때 유의사항 1,000의 경우 앞에 올 때에는 「せん」이지만 중간에 올 때에는 「いっせん」이 된다.
예) 1,500 - 「せんごひゃく」, 11,500 - 「いちまんいっせんごひゃく」

71 ななじゅういち	81 はちじゅういち	91 きゅうじゅういち	101 ひゃくいち	1,000 せん	100,000 じゅうまん
72 ななじゅうに	82 はちじゅうに	92 きゅうじゅうに	200 にひゃく	2,000 にせん	1,000,000 ひゃくまん
73 ななじゅうさん	83 はちじゅうさん	93 きゅうじゅうさん	300 さんびゃく	3,000 さんぜん	10,000,000 いっせんまん
74 ななじゅうよん	84 はちじゅうよん	94 きゅうじゅうよん	400 よんひゃく	4,000 よんせん	100,000,000 いちおく
75 ななじゅうご	85 はちじゅうご	95 きゅうじゅうご	500 ごひゃく	5,000 ごせん	
76 ななじゅうろく	86 はちじゅうろく	96 きゅうじゅうろく	600 ろっぴゃく	6,000 ろくせん	
77 ななじゅうしち/ななじゅうなな	87 はちじゅうしち/はちじゅうなな	97 きゅうじゅうしち/きゅうじゅうなな	700 ななひゃく	7,000 ななせん	
78 ななじゅうはち	88 はちじゅうはち	98 きゅうじゅうはち	800 はっぴゃく	8,000 はっせん	
79 ななじゅうきゅう	89 はちじゅうきゅう	99 きゅうじゅうきゅう	900 きゅうひゃく	9,000 きゅうせん	
80 はちじゅう	90 きゅうじゅう	100 ひゃく	0 れい/ゼロ	10,000 いちまん	

📣 가격 말하기 🎧 Track 09

미국 $(달러)	한국 ₩(원)	일본 ¥(엔)	중국 元(위엔)	유럽연합 €(유로)
ドル	ウォン	円(えん)	ユアン	ユーロ

① 달러
$55 → ごじゅうごドル

② 원화
₩365,000 → さんじゅうろくまんごせんウォン

③ 엔화
¥7,450 → ななせんよんひゃくごじゅうえん

④ 위안화
元320 → さんびゃくにじゅうユアン

⑤ 유로
€65 → ろくじゅうごユーロ

TIP 현재 유로는 시내 면세점에서는 사용할 수 없으며, 출국장 면세점인 공항 면세점에서만 사용 가능하다.

📣 조수사 🎧 Track 10, 11

층(階)		개(個)		나이(歳)		사람(人)	
1층	いっかい 1階	1개	いっこ 1個	한 살	いっさい 1歳	한 명	ひとり 1人
2층	にかい 2階	2개	にこ 2個	두 살	にさい 2歳	두 명	ふたり 2人
3층	さんがい 3階	3개	さんこ 3個	세 살	さんさい 3歳	세 명	さんにん 3人
4층	よんかい 4階	4개	よんこ 4個	네 살	よんさい 4歳	네 명	よにん 4人
5층	ごかい 5階	5개	ごこ 5個	다섯 살	ごさい 5歳	다섯 명	ごにん 5人
6층	ろっかい 6階	6개	ろっこ 6個	여섯 살	ろくさい 6歳	여섯 명	ろくにん 6人
7층	ななかい 7階	7개	ななこ 7個	일곱 살	ななさい 7歳	일곱 명	しちにん・ななにん 7人・7人
8층	はっかい 8階	8개	はっこ 8個	여덟 살	はっさい 8歳	여덟 명	はちにん 8人
9층	きゅうかい 9階	9개	きゅうこ 9個	아홉 살	きゅうさい 9歳	아홉 명	くにん・きゅうにん 9人・9人
10층	じゅっかい 10階	10개	じゅっこ 10個	열 살	じゅっさい 10歳	열 명	じゅうにん 10人
몇 층	なんかい 何階	몇 개	なんこ 何個	몇 살	なんさい 何歳	몇 명	なんにん 何人

TIP 파란색 부분은 암기할 때 특히 주의해야 할 부분이다.

화장품을 셀 때	
하나, 한 개	一つ (ひと)
둘, 두 개	二つ (ふた)
셋, 세 개	三つ (みっ)
넷, 네 개	四つ (よっ)
다섯, 다섯 개	五つ (いつ)
여섯, 여섯 개	六つ (むっ)
일곱, 일곱 개	七つ (なな)
여덟, 여덟 개	八つ (やっ)
아홉, 아홉 개	九つ (ここの)
열, 열 개	十 (とお)
몇 개	いくつ

의류 및 스카프를 셀 때 (枚/まい)	
한 장	1枚 (いちまい)
두 장	2枚 (にまい)
세 장	3枚 (さんまい)
네 장	4枚 (よんまい)
다섯 장	5枚 (ごまい)
여섯 장	6枚 (ろくまい)
일곱 장	7枚 (ななまい)
여덟 장	8枚 (はちまい)
아홉 장	9枚 (きゅうまい)
열 장	10枚 (じゅうまい)
몇 장	何枚 (なんまい)

주류 및 넥타이, 향수를 셀 때 (本/ほん)	
한 병	1本 (いっぽん)
두 병	2本 (にほん)
세 병	3本 (さんぼん)
네 병	4本 (よんほん)
다섯 병	5本 (ごほん)
여섯 병	6本 (ろっぽん)
일곱 병	7本 (ななほん)
여덟 병	8本・8本 (はちほん・はっぽん)
아홉 병	9本 (きゅうほん)
열 병	10本 (じゅっぽん)
몇 병	何本 (なんぼん)

담배를 셀 때 (カートン)	
1보루	1カートン (いち)
2보루	2カートン (に)
3보루	3カートン (さん)
4보루	4カートン (よん)
5보루	5カートン (ご)
6보루	6カートン (ろく)
7보루	7カートン (なな)
8보루	8カートン (はち)
9보루	9カートン (きゅう)
10보루	10カートン (じゅう)
몇 보루	何カートン (なん)

 방향

Track 12

오른쪽	왼쪽	위	아래	앞	뒤	옆	안	밖
右(みぎ)	左(ひだり)	上(うえ)	下(した)	前(まえ)	後(うしろ)	隣(となり)	中(なか)	外(そと)

Track 13

	사물	장소	방향
이(こ)	これ(이것)	ここ(여기)	こちら(이쪽)
그(そ)	それ(그것)	そこ(거기)	そちら(그쪽)
저(あ)	あれ(저것)	あそこ(저기)	あちら(저쪽)
어느(ど)	どれ(어느 것)	どこ(어디)	どちら(어느 쪽)

 「これ」로 물으면 「それ」로 대답하고, 「それ」로 물으면 「これ」로 대답하고, 「あれ」로 물으면 「あれ」로 대답한다.

3 날짜 및 요일, 시간

📢 날짜

🎧 Track 14

월(月)	1월	2월	3월	4월	5월	6월
	1月	2月	3月	4月	5月	6月
	いちがつ	にがつ	さんがつ	しがつ	ごがつ	ろくがつ
	7월	8월	9월	10월	11월	12월
	7月	8月	9月	10月	11月	12月
	しちがつ	はちがつ	くがつ	じゅうがつ	じゅういちがつ	じゅうにがつ

🎧 Track 15

일(日)	1日	2日	3日	4日	5日	6日
	ついたち	ふつか	みっか	よっか	いつか	むいか
	7日	8日	9日	10日	11日	12日	13日
	なのか	ようか	ここのか	とおか	じゅういちにち	じゅうににち	じゅうさんにち
	14日	15日	16日	17日	18日	19日	20日
	じゅうよっか	じゅうごにち	じゅうろくにち	じゅうしちにち	じゅうはちにち	じゅうくにち	はつか
	21日	22日	23日	24日	25日	26日	27日
	にじゅういちにち	にじゅうににち	にじゅうさんにち	にじゅうよっか	にじゅうごにち	にじゅうろくにち	にじゅうしちにち
	28日	29日	30日	31日			
	にじゅうはちにち	にじゅうくにち	さんじゅうにち	さんじゅういちにち			

 TIP 20日은 읽는 방법이 독특하므로 주의할 필요가 있다.

🎧 Track 16

요일(曜日)	일요일	월요일	화요일	수요일	목요일	금요일	토요일
	日曜日	月曜日	火曜日	水曜日	木曜日	金曜日	土曜日
	にちようび	げつようび	かようび	すいようび	もくようび	きんようび	どようび

시간 Track 17

	시(時)		분(分)
1시	いちじ	1분	いっぷん
2시	にじ	2분	にふん
3시	さんじ	3분	さんぷん
4시	よじ	4분	よんぷん
5시	ごじ	5분	ごふん
6시	ろくじ	6분	ろっぷん
7시	しちじ	7분	ななふん
8시	はちじ	8분	はっぷん
9시	くじ	9분	きゅうふん
10시	じゅうじ	10분	じゅっぷん
11시	じゅういちじ	15분	じゅうごふん
12시	じゅうにじ	30분	さんじゅっぷん=半
몇 시	何時	45분	よんじゅうごふん
오전	午前	60분	ろくじゅっぷん=1時間
오후	午後	몇 분	何分

TIP 파란 색 부분은 암기할 때 특히 주의해야 할 부분이다.

Track 18

그저께	어제	오늘	내일	모레
おととい	昨日 (きのう)	今日 (きょう)	明日 (あした) / 明日 (あす)	あさって
지지난주	지난주	이번 주	다음 주	다다음 주
先々週 (せんせんしゅう)	先週 (せんしゅう)	今週 (こんしゅう)	来週 (らいしゅう)	再来週 (さらいしゅう)
지지난 달	지난 달	이번 달	다음 달	다다음 달
先々月 (せんせんげつ)	先月 (せんげつ)	今月 (こんげつ)	来月 (らいげつ)	再来月 (さらいげつ)
재작년	작년	올해	내년	다다음 해(후년)
おととし	昨年 (さくねん) / 去年 (きょねん)	今年 (ことし)	来年 (らいねん)	再来年 (さらいねん)

4 기타

🔊 색깔 🎧 Track 19

흰색	노란색	빨간색	파란색	오렌지색	베이지색	핑크색
白(しろ)	黄色(きいろ)	赤色(あかいろ)	青色(あおいろ)	オレンジ色(いろ)	ベージュ	ピンク
실버	골드	회색	검정색	연지색	녹색	갈색
シルバー	ゴールド	鼠色(ねずみいろ)	黒(くろ)	臙脂色(えんじいろ)	グリーン	茶色(ちゃいろ)
보라색	주황색	연두색	진홍색	호두색	벚꽃색	제비꽃색
紫(むらさき)	橙色(だいだいいろ)	薄緑(うすみどり)	真紅(しんく)	胡桃色(くるみいろ)	桜色(さくらいろ)	菫色(すみれいろ)
가지색	감색	금색	은색	황토색	살색	무지개색
茄子紺(なすこん)	紺色(こんいろ)	金色(きんいろ)	銀色(ぎんいろ)	黄土色(おうどいろ)	肌色(はだいろ)	虹色(にじいろ)

🔊 국가명 🎧 Track 20

한국	미국	중국	일본	프랑스
韓国(かんこく)	アメリカ	中国(ちゅうごく)	日本(にほん)	フランス
독일	호주	캐나다	이탈리아	포르투갈
ドイツ	オーストラリア	カナダ	イタリア	ポルトガル
베트남	인도네시아	말레이시아	태국	대만
ベトナム	インドネシア	マレーシア	タイ	台湾(たいわん)
싱가폴	인도	필리핀	영국	마카오
シンガポール	インド	フィリピン	イギリス	マカオ

인사말 Track 21

안녕하세요.	아침인사	점심인사	저녁인사
	おはようございます。	こんにちは。	こんばんは。
	어서 오세요.		안녕히 가십시오.
	いらっしゃいませ。		さよなら。
	또 오십시오.		감사합니다.
	また、お越しくださいませ。		どうも、ありがとうございました。
	죄송합니다.		잠시만 기다려 주십시오.
	申し訳ございません。		少々お待ちくださいませ。
	품절입니다.		안내해드리겠습니다.
	ただいま、切らしております。		ご案内いたします。
	오래 기다리셨습니다.		이쪽으로 오세요.
	お待たせいたしました。		こちらへどうぞ。
	천천히 구경하세요.		부디 잘 부탁드립니다.
	ごゆっくりご覧ください。		どうぞ、よろしくお願いいたします。

UNIT 03

고객응대
- 상황별 -

🎁 주요 학습 내용

1. 고객맞이 및 배웅하기
2. 고객의 니즈 파악하기
3. 판매 관련 용어
4. 가격 및 할인 관련 용어
5. A/S 안내
6. 결제 및 교환권 작성 안내
7. 교환 및 반품 안내
8. 매장 또는 장소 관련 안내

1 고객맞이 및 배웅하기

기본 문형  Track 22

안녕하세요. (아침/점심/저녁인사)

おはようございます。／こんにちは。／こんばんは。

어서 오세요.

いらっしゃいませ。

○○○면세점입니다.

○○○免税店でございます。

영업시간은 오전 9시 반부터 오후 9시까지입니다.

営業時間は午前9時半から午後9時まででございます。

면세점의 영업시간은 면세점마다 다르지만 대개 시내 면세점의 경우 오전 9시 반부터 오후 9시까지이고, 출국장 면세점의 경우 오전 6시 반부터 저녁 9시까지이다.

면세점은 연중무휴입니다.

免税店は年中無休でございます。

천천히 구경하세요.

ごゆっくりご覧ください。

필요하시면 언제든지 불러주세요.

ご必要ならばいつでもお呼びください。

죄송합니다만, 오늘 영업은 끝났습니다.

申し訳ございませんが、本日の営業は終わらせていただきました。

또 들러주십시오.

またお越しくださいませ。

대단히 감사합니다.

どうも、ありがとうございました。

연습해 봅시다

01 안녕하세요. (아침/점심/저녁인사)

02 어서 오세요.

03 ○○○면세점입니다.

04 영업시간은 오전 9시 반부터 오후 9시까지입니다.

05 면세점은 연중무휴입니다.

06 천천히 구경하세요.

07 필요하시면 언제든지 불러주세요.

08 죄송합니다만, 오늘 영업은 끝났습니다.

09 또 들러주십시오.

10 대단히 감사합니다.

상황 회화 　Track 23

職員 ：おはようございます。いらっしゃいませ。こちらは○○○免税店でございます。

お客様：おはようございます。申し訳ございませんが、営業時間は何時から何時までですか。

職員 ：午前9時半から午後9時まででございます。

お客様：ああ、そうですか。そしたら週末にも営業をしますか。

職員 ：はい、もちろんです。免税店は年中無休でございます。

お客様：はい、わかりました。ありがとうございます。

職員 ：お客様、申し訳ございませんが、本日の営業は終わらせていただきました。

お客様：ああ、そうなんですか。わかりました。

職員 ：またお越しくださいませ。どうも、ありがとうございました。

お客様：はい、ありがとう。

해석

직원 : 안녕하십니까? 어서 오십시오. 여기는 ○○○면세점입니다.
고객 : 안녕하세요. 죄송한데요, 영업시간은 몇 시부터 몇 시까지인가요?
직원 : 오전 9시 반부터 오후 9시까지입니다.
고객 : 네, 그렇군요. 그럼, 주말에도 영업을 합니까?
직원 : 네, 물론입니다. 면세점은 연중무휴입니다.
고객 : 네, 알겠습니다. 감사합니다.

직원 : 고객님, 죄송합니다만, 오늘 영업은 끝났습니다.
고객 : 아~, 그래요? 알겠습니다.
직원 : 또 들러주십시오. 대단히 감사합니다.
고객 : 네, 고마워요.

단어장 Track 24

면세점	免税店(めんぜいてん)
영업시간	営業時間(えいぎょうじかん)
오전	午前(ごぜん)
오후	午後(ごご)
연중무휴	年中無休(ねんじゅうむきゅう)
오늘	本日(ほんじつ)
고객님, 손님	お客様(きゃくさま)
주말	週末(しゅうまつ)
물론	もちろん
알겠습니다	わかりました
끝나다	終(お)わる

2 고객의 니즈 파악하기

  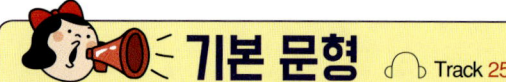 

○○○코너입니다.
○○○コーナーでございます。

고객님, 무엇을 찾으십니까?
お客様、何かお探しでしょうか。

본인 건가요? 아니면 선물인가요?
ご自分の物ですか。それとも、お土産ですか。

여자분입니까? 아니면 남자분입니까?
女の方ですか。それとも、男の方ですか。

잠시 기다려주십시오. 바로 도와드리겠습니다.
少々お待ちください。すぐお手伝いいたします。

고객님, 오래 기다리셨습니다.
お客様、お待たせいたしました。

실례지만, 선물 받으실 분의 연령은 어떻게 되십니까?
申し訳ございませんが、贈り物を受け取られる方の年齢はどのようになられますか。

실례지만, 선물 받으실 분의 성별은 어떻게 되십니까?
申し訳ございませんが、贈り物を受け取られる方の性別はどのようになられますか。

실례지만, 선물 받으실 분의 직업은 어떻게 되십니까?
申し訳ございませんが、贈り物を受け取られる方の職業はどのようになられますか。

TIP
일본인에게 연령, 성별, 직업 등의 사적인 질문을 하는 것은 실례가 되지만, 고객의 니즈를 파악하기 위해 '실례지만'이라는 쿠션언어를 사용해서 조심스럽게 질문하도록 한다.

연습해 봅시다

01 ○○○코너입니다.

02 고객님, 무엇을 찾으십니까?

03 본인 건가요? 아니면 선물인가요?

04 여자분입니까? 아니면 남자분입니까?

05 잠시 기다려주십시오.

06 오래 기다리셨습니다.

07 실례지만, 선물 받으실 분의 연령은 어떻게 되십니까?

08 실례지만, 선물 받으실 분의 성별은 어떻게 되십니까?

09 실례지만, 선물 받으실 분의 직업은 어떻게 되십니까?

상황 회화 🎧 Track 26

職員 : こんにちは。いらっしゃいませ。〇〇〇コーナーでございます。

お客様 : こんにちは。

職員 : お客様、何かお探しでしょうか。

お客様 : はい。

職員 : ご自分の物ですか。それとも、お土産ですか。

お客様 : お土産ですが、何かいい物でもありますか。

職員 : はい、そしたら、女の方ですか。それとも、男の方ですか。

お客様 : 私の母ですけど。

職員 : 申し訳ございませんが、年齢をうかがってもよろしいでしょうか。

お客様 : 年は70代です。

職員 : はい、かしこまりました。では、この商品はいかがですか。
手軽なお土産としてよく売れます。

お客様 : そうですか。では、それにします。

해석

직원 : 안녕하세요. 어서 오십시오. 〇〇〇코너입니다.

고객 : 안녕하세요.

직원 : 고객님, 무엇을 찾으십니까?

고객 : 예.

직원 : 본인 건가요? 아니면 선물인가요?

고객 : 선물인데요, 뭔가 좋은 게 있을까요?

직원 : 예, 그럼 여자분이신가요? 아니면 남자분이신가요?

고객 : 저의 어머니인데요.

직원 : 실례지만, 연령을 여쭤봐도 괜찮겠습니까?

고객 : 나이는 70대예요.

직원 : 예, 알겠습니다. 그럼, 이 상품은 어떠십니까? 간단한 선물로 잘 팔립니다.

고객 : 그래요? 그럼, 그걸로 할게요.

코너	コーナー
찾다	探す
본인	自分
선물	お土産
여자분	女の方
남자분	男の方
돕다	手伝う
선물	贈り物
받다	受け取る
분	方

연령	年齢
성별	性別
직업	職業
나, 저	私
어머니	母
나이	年
알겠습니다	かしこまりました
상품	商品
간단하다	手軽だ
팔다	売る

3 판매 관련 용어

 **기본 문형** 🎧 Track 28

이것은 어떠신가요?
こちらはいかがでしょうか。

착용해 보시겠습니까?
ご着用されますか。

테스트해 보시겠습니까?
テストされますか。

거울은 이쪽에 있습니다.
鏡はこちらにございます。

사이즈는 얼마입니까?
サイズはおいくつですか。

사이즈는 큽니까? / 사이즈는 작습니까?
サイズは大きいですか。 / サイズは小さいですか。

사이즈 조절은 가능합니다. / 사이즈 조절은 불가능합니다.
サイズの調節はできます。 / サイズの調節はできません。

죄송합니다만, 원하시는 사이즈는 없습니다.
申し訳ございませんが、欲しいサイズはありません。

이쪽으로 오세요. 더 많은 상품을 보여드리겠습니다.
こちらへどうぞ。より多くの商品をご覧いただけます。

예산은 어느 정도인가요?
ご予算はどれくらいですか。

이 상품은 젊은 분에게 가장 인기가 있습니다.
この商品はお若い方にいちばん人気があります。

이 상품은 (부모님) 선물로 매우 좋습니다.
この商品は(ご両親)のお土産としてとてもいいです。

| 애인, 친구, 상사, 동료, 거래처, 단체 | 恋人, お友達, 上司, 同僚, 取引先, 団体 |

이 상품은 (스위스)제 입니다.
この商品は(スイス)製です。

| 이탈리아, 프랑스, 미국, 독일, 일본, 영국, 중국, 호주 | イタリア, フランス, アメリカ, ドイツ, 日本, イギリス, 中国, オーストラリア |

죄송합니다만, 방금 품절된 상품입니다.
申し訳ございませんが、ただいま品切れになった商品でございます。

공교롭게도 찾으시는 물건은 품절입니다.
あいにくお探しの品物は品切れでございます。

이런 디자인은 어떠십니까?
このようなデザインはいかがでしょうか。

이것은 지금 유행하는 상품입니다.
これは今、流行りの商品でございます。

현재 가장 인기 있는 상품입니다.
現在いちばん人気のある商品でございます。

이 상품은 한정상품/이월상품입니다.
この商品は限定商品 / 繰り越し商品でございます。

이 상품은 남녀공용입니다.
この商品は男女共用でございます。

3 판매 관련 용어

이것은 올해 SS/AW상품입니다.
こちらは今年のSS/AW商品でございます。

TIP SS는 Spring Summer의 약자로 봄·여름상품이라는 의미이고, AW는 Autumn Winter의 약자로 가을·겨울상품을 말한다.

이 상품은 한국 기념품으로 인기가 있습니다.
この商品は韓国の紀念品として人気があります。

이것은 이 브랜드에서 가장 잘 팔리는 상품입니다.
これはこのブランドの中でいちばんよく売れる商品でございます。

이 상품은 재고가 하나밖에 없습니다.
こちらの商品は在庫が一点しかございません。

이 상품은 고객님에게 잘 어울리십니다.
この商品はお客様によくお似合いです。

이 품목은 신상품이기 때문에 세일 제외 상품입니다.
この品目は新商品ですので、セールの除外商品でございます。

저 상품보다 이 상품이 더 저렴합니다.
あの商品より、この商品の方がもっとお買い得です。

면세점 가격이 로컬 가격보다 반 정도 쌉니다.
免税店の価格がローカルの価格より半分くらい安いです。

백화점보다 약 30%정도 저렴합니다.
デパートより約30%くらい安くなっております。

그것과 같은 것으로 색이 다른 것도 있는데요.
それと同じもので色違いもありますが。

이 상품을 사시면 사은품을 드립니다.
この商品をお買い上げになりますと、ギフトをさしあげます。

이것으로 하시겠습니까?
こちらになさいますか。

그 밖에 필요하신 것은 없으십니까?
他に要る物はありませんか。

새 상품은 창고에 있습니다. 창고에서 가져오겠습니다.
新しい商品は倉庫にあります。倉庫からお持ちいたします。

우선 이걸로 괜찮으세요?
とりあえず、これだけでよろしいですか。

다 같이 계산하셔도 됩니다.
一緒にお支払いいただいてもかまいません。

연습해 봅시다

01 이것은 어떠신가요?

02 착용해 보시겠습니까?

03 사이즈는 얼마입니까?

04 사이즈 조절은 가능합니다.

05 이쪽으로 오세요. 더 많은 상품을 보여드리겠습니다.

06 공교롭게도 찾으시는 물건은 품절입니다.

07 이 상품은 남녀공용입니다.

08 이 상품은 고객님에게 잘 어울리십니다.

상황 회화 Track 29

職員 ： 当店は現在セール中でございます。

　　　　繰り越し商品を半額で販売しております。

お客様 ： どうしてこんなに安いんですか。

職員 ： 在庫一掃を行っております。

お客様 ： あっ、そうですか。もう少し安くなりませんか。

職員 ： 申し訳ございませんが、これが最大の割引でございます。

お客様 ： ところで種類は靴しかありませんか。

職員 ： いいえ、あちらにスカーフとネクタイも特価品で売っております。

　　　　値段もお買い得ですので手軽なお土産としてもよろしいかと思います。

　　　　また、この商品は最高の品質でございます。

お客様 ： ええ、そうですね。お土産としていいですね。

職員 ： 他の免税店では絶対にこのお値段で買えません。

해석

직원 : 저희 면세점은 현재 세일 중입니다.
　　　이월상품을 반값에 판매하고 있습니다.

고객 : 왜 이렇게 싼가요?

직원 : 재고정리를 하고 있습니다.

고객 : 아~, 그렇습니까? 좀 더 싸게는 안 되나요?

직원 : 죄송합니다만, 이것이 최대 할인입니다.

고객 : 그런데 종류는 구두밖에 없습니까?

직원 : 아니요, 저쪽에 스카프와 넥타이도 특가품으로 팔고 있습니다.
　　　가격도 저렴해서 간단한 선물로도 좋다고 생각합니다.
　　　또한 이 상품은 최고의 품질입니다.

고객 : 네, 그렇네요. 선물로 좋겠네요.

직원 : 다른 면세점에서는 절대로 이 가격으로 사실 수 없습니다.

お客様 ： じゃ、このネクタイ一本と、あのスカーフ二枚ください。
　　　　　品物は今、もらえますか。

職員　 ： 申し訳ございませんが、免税品は今もらえません。
　　　　　ご出国の際、空港のお受け取り場所でもらえます。

お客様 ： そうですか。わかりました。そしたら包装はできますか。

職員　 ： 免税品は税関検査のために包装が不可能です。
　　　　　それは関税の規定です。

お客様 ： わかりました。

> **TIP**
> 관세법 상 면세품은 상품의 내용물과 갯수를 확인할 수 있도록 반드시 투명비닐봉투에 넣어야만 한다. 그러므로 선물포장은 불가능하다.

해석

고객 : 그럼 이 넥타이 한 개와 저 스카프 두 장 주세요. 물건은 지금 받을 수 있나요?
직원 : 죄송합니다만, 면세품은 지금 받을 수 없습니다. 출국 때, 공항 인도장에서 받을 수 있습니다.
고객 : 그렇군요. 알겠습니다. 그럼 선물 포장은 되나요?
직원 : 면세품은 세관검사 때문에 선물포장이 불가능합니다. 그것은 관세규정입니다.
고객 : 잘 알겠습니다.

단어장

 Track 30

착용	着用(ちゃくよう)
테스트	テスト
거울	鏡(かがみ)
사이즈	サイズ
크다	大(おお)きい
작다	小(ちい)さい
조절	調節(ちょうせつ)
원하다, 갖고 싶다	欲(ほ)しい
예산	予算(よさん)
젊다	若(わか)い
가장	いちばん
인기	人気(にんき)
부모님	ご両親(りょうしん)
애인	恋人(こいびと)
친구	友達(ともだち)
상사	上司(じょうし)
동료	同僚(どうりょう)
거래처	取引先(とりひきさき)
단체	団体(だんたい)
품절	品切(しなぎ)れ
디자인	デザイン
유행	流行(はや)り
현재	現在(げんざい)
한정상품	限定商品(げんていしょうひん)
이월상품	繰(く)り越(こ)し商品(しょうひん)
남녀공용	男女共用(だんじょきょうよう)
기념품	記念品(きねんひん)
브랜드	ブランド
재고	在庫(ざいこ)
한 점, 하나	一点(いってん)
어울리다, 잘 맞다	似合(にあ)う
품목	品目(ひんもく)
신상품	新商品(しんしょうひん)
제외 상품	除外商品(じょがいしょうひん)
저렴, 사면 득이 됨	お買(か)い得(どく)
가격, 값	価格(かかく)

로컬	ローカル	행하다, 실시하다	行(おこな)う
반, 절반	半分(はんぶん)	최대	最大(さいだい)
싸다	安(やす)い	할인	割引(わりびき)
백화점	デパート	종류	種類(しゅるい)
색이 다름	色違(いろちが)い	구두	靴(くつ)
사들이다	買(か)い上(あ)げる	스카프	スカーフ
선물, 기프트	ギフト	넥타이	ネクタイ
그 밖에	他(ほか)に	특가품	特価品(とっかひん)
필요하다	要(い)る	값, 가격	値段(ねだん)
새롭다, 새로운	新(あたら)しい	최고	最高(さいこう)
창고	倉庫(そうこ)	품질	品質(ひんしつ)
우선	とりあえず	절대로	絶対(ぜったい)に
지불	支払(しはら)い	사다	買(か)う
상관없습니다	かまいません	물건	品物(しなもの)
세일 중	セール中(ちゅう)	받다	もらう
반값, 반액	半額(はんがく)	면세품	免税品(めんぜいひん)
판매	販売(はんばい)	출국	出国(しゅっこく)
재고정리	在庫一掃(ざいこいっそう)	공항	空港(くうこう)

인도장	受け取り場所	불가능하다	不可能だ
포장	包装	관세	関税
세관검사	税関検査	규정	規定

4 가격 및 할인 관련 용어

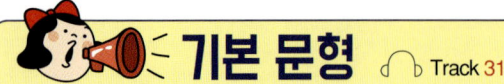 Track 31

면세점에서는 정가로 판매하고 있습니다.
免税店では定価で販売しております。

> **TIP** 면세점에서는 정찰제가 원칙이지만 이월상품, 재고가 많이 남은 품목에 한하여 할인 또는 세일기간에 할인율을 적용시켜 판매한다.

가격은 달러로 적혀 있습니다.
価格はドルで書かれております。

> **TIP** 면세점의 가격표는 달러가 기본이라서 그날 그날의 환율에 따라 가격이 변동된다.

그 상품은 ~달러입니다.
そちらの商品は ～ドルでございます。

오늘 환율로 ~원/엔/위안입니다.
今日のレートで ～ウォン/円/ユアンでございます。

그 상품은 US달러로 ~달러이기 때문에 일본 엔으로 바꾸면 ~엔입니다.
そちらの商品はUSドルで ～ドルですので、日本円に直すと ～円です。

샤넬과 루이비통 브랜드는 할인을 하지 않습니다. 정가판매입니다.
シャネルとルイヴィトンブランドは割引しておりません。定価販売でございます。

신상품은 세일 제외 품목입니다.
新商品はセール対象外品目でございます。

이 상품은 20% 할인하고 있습니다.
この商品は二割引しております。

멤버십 카드를 소지하고 계시면 10% 할인해드립니다.
メンバーシップカードをお持ちでしたら、10%割引させていただきます。

이 상품은 할인된 가격입니다.
こちらの商品は割引の価格でございます。

> 죄송합니다만, 더 이상의 할인은 어렵습니다.

申し訳ございませんが、これ以上の割引は難しいです。

> 이 상품은 현재 20% 할인하고 있습니다. VIP 카드를 소지하시면 5% D/C가 추가됩니다.

この商品は現在二割引を行っております。VIPカードをお持ちでしたら、5%ディスカウントが追加されます。

> 전부 합해서 300달러 이상 구매하신 고객에게는 특별 사은품을 드립니다.

全部合わせて300ドル以上お買い上げのお客様には、スペシャルギフトをプレゼントいたします。

> 같은 품목을 세 개 이상 구매하시면 10% 할인해드립니다.

同じ物を三個(みっつ)以上買いましたら、10%割引させていただきます。

> 단품보다 세트 상품이 더 저렴합니다.

単品よりセット商品の方がもっとお買い得です。

> 오늘부터 특별 세일을 실시하고 있습니다.

今日から特別セールを行っております。

> 이 선불카드는 모든 매장에서 사용할 수 있습니다.

このプリペイドカードはすべてのコーナーで使えます。

> 비자카드로 결제하시면 10% 할인해드립니다.

ビザカードで決済されましたら、10%割引させていただきます。

> 브랜드에 따라 할인율은 다릅니다.

ブランドによって割引率は違います。

연습해 봅시다

01 면세점에서는 정가로 판매하고 있습니다.

02 가격은 달러로 적혀 있습니다.

03 그 상품은 120달러입니다.

04 오늘 환율로 ~원 / 엔 / 위엔입니다.

05 신상품은 세일 제외 품목입니다.

06 멤버십 카드를 소지하고 계시면 10% 할인해드립니다.

07 이 상품은 할인된 가격입니다.

08 단품보다 세트 상품이 더 저렴합니다.

상황 회화 🎧 Track 32

職員 : この商品はいかがですか。

お客様 : いいですね。いくらですか。

職員 : 100ドルです。今日のレートで110,000ウォンでございます。

お客様 : ちょっと高いですね。割引はできないですか。

職員 : 免税店では定価で販売しております。

　　　　すみませんが、メンバーシップカードをお持ちですか。

　　　　メンバーシップカードをお持ちでしたら、10％割引させていただきます。

お客様 : ないんですけど。

職員 : お客様、これはいかがですか。この商品は今、20％セール中です。

　　　　元の値段は100ドルですが、20％割引したら、80ドルになりますので88,000ウォンでございます。

해석

직원 : 이 상품은 어떠십니까?

고객 : 좋군요. 얼마인가요?

직원 : 100달러입니다. 오늘 환율로 110,000원입니다.

고객 : 좀 비싸네요. 할인은 안 되나요?

직원 : 면세점에서는 정찰제로 판매합니다. 죄송합니다만, 멤버십 카드를 가지고 계십니까? 멤버십 카드를 소지하고 계시면 10% 할인해 드립니다.

고객 : 없는데요.

직원 : 고객님, 이것은 어떠십니까? 이 상품은 지금 20% 세일 중입니다. 원래 가격은 100달러인데, 20% 할인하면 80달러이기 때문에 88,000원입니다.

お客様　：これは新商品ですか。

職員　　：いいえ、それは新商品ではありません。

　　　　　新商品はセール対象外品目でございます。

　　　　　これは繰り越し商品ですので、20%割引しております。

お客様　：もっと安くはならないでしょうか。

職員　　：申し訳ございませんが、これ以上の割引は難しいです。

　　　　　これはセール中ですので、今、在庫が一点しかございません。

お客様　：ああ、そうなんですか。じゃ、それにします。

해석

고객 : 그것은 신상품인가요?

직원 : 아니요, 그것은 신상품이 아닙니다.
　　　신상품은 세일 제외 품목입니다.
　　　이것은 이월상품이기 때문에 20% 할인하고 있습니다.

고객 : 좀 더 싸게는 안 되나요?

직원 : 죄송합니다만, 더 이상의 할인은 어렵습니다.
　　　이것은 세일 중이어서 현재 재고가 하나밖에 없습니다.

고객 : 아~, 그래요? 그럼, 그걸로 할게요.

단어장  Track 33

정가	定価(ていか)
적다, 쓰다	書(か)く
오늘	今日(きょう)
환율	レート
할인	割引(わりびき)
세일	セール
제외	対象外(たいしょうがい)
품목	品目(ひんもく)
멤버십 카드	メンバーシップカード
어렵다, 곤란하다	難(むずか)しい
VIP카드	VIPカード
디스카운트	ディスカウント
추가	追加(ついか)
특별 사은품	スペシャルギフト
단품	単品(たんぴん)
세트 상품	セット商品(しょうひん)
특별	特別(とくべつ)
선불카드	プリペイドカード
사용하다	使(つか)う
비자카드	ビザカード
결제	決済(けっさい)
할인율	割引率(わりびきりつ)
다르다	違(ちが)う
비싸다	高(たか)い

5 A/S 안내

 **기본 문형** 🎧 Track 34

이것은 보증서입니다.

これは保証書でございます。

A/S를 받으실 때에는 반드시 보증서가 필요합니다.

アフターサービスをお受けになる際には、必ず保証書が必要です。

보증서가 없으면 A/S가 불가능하니까 주의하시기 바랍니다.

保証書がなければアフターサービスをお受けになることができませんので、お気を つけください。

보증기간은 1년간입니다.

保証期間は1年間でございます。

A/S센터는 설명서에 적혀 있습니다.

アフターサービスセンターは説明書に書かれております。

A/S를 받으실 경우에는 저희 면세점에 와 주십시오.

アフターサービスをお受けになる場合には当店にお越しください。

방문이 어려우실 경우에는 저희 면세점으로 물건을 보내주시거나 현지 A/S센터를 방문해 주십시오.

お越しになるのが困難な場合には商品をお送りくださるか、現地のアフターサービス センターをお訪ねください。

이 상품은 일본/중국에서도 A/S를 받으실 수 있습니다.

この商品は日本/中国でもアフターサービスをお受けになることができます。

연습해 봅시다

01 이것은 보증서입니다.

02 A/S를 받으실 때에는 반드시 보증서가 필요합니다.

03 보증서가 없으면 A/S가 불가능하니까 주의하시기 바랍니다.

04 보증기간은 1년간입니다.

05 A/S를 받으실 경우에는 저희 면세점에 와 주십시오.

06 방문이 어려우실 경우에는 저희 면세점으로 물건을 보내주시거나 현지 A/S센터를 방문해 주십시오.

07 이 상품은 일본/중국에서도 A/S를 받으실 수 있습니다.

상황 회화 🎧 Track 35

職員 : お客様、この時計になさいますか。

お客様 : はい、ところでこの時計の保証期間はいつまでですか。

職員 : すべての時計の保証期間は一年間でございます。

これが保証書でございます。

お客様 : あ、そうですか。

職員 : 保証書がなければアフターサービスをお受けになることができませんので、お気をつけください。

この時計は日本製ですので、説明書に日本語で書かれております。

お客様 : アフターサービスセンターはどこにありますか。

職員 : アフターサービスセンターは説明書の中に書かれております。

アフターサービスをお受けになる場合には、当店にまたお越しください。

お越しになるのが困難な場合には、商品を当店にお送りくださるか、現地のアフターサービスセンターをお訪ねください。

해석

직원 : 고객님, 이 시계로 하시겠습니까?

고객 : 네, 그런데 이 시계의 보증기간은 언제까지인가요?

직원 : 모든 시계의 보증기간은 1년간입니다.
이것이 보증서입니다.

고객 : 아, 그렇습니까?

직원 : 보증서가 없으면 A/S가 불가능하니 주의하시기 바랍니다.
이 시계는 일본제이기 때문에 설명서에 일본어로 적혀 있습니다.

고객 : A/S센터는 어디에 있나요?

직원 : A/S센터는 설명서 안에 적혀 있습니다.
A/S를 원하실 경우 저희 면세점을 다시 방문해 주세요.
방문이 어려우실 경우 물건을 보내주시거나 현지 A/S센터를 방문해 주십시오.

お客様　：あ、そうですか。もしかして中国でもアフターサービスを受けられますか。

職員　　：この商品は中国でもアフターサービスをお受けになることができます。

お客様　：はい、わかりました。ありがとうございます。

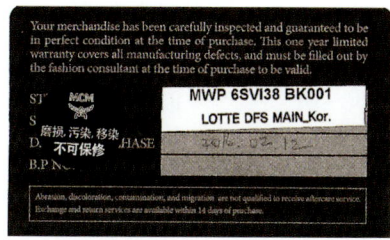
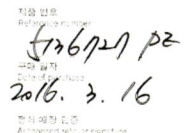
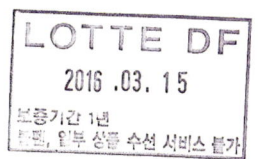

고객 : 아, 그렇습니까? 혹시 중국에서도 A/S를 받을 수 있나요?

직원 : 이 상품은 중국에서도 A/S를 받으실 수 있습니다.

고객 : 네, 알겠습니다. 감사합니다.

단어장 Track 36

보증서	保証書(ほしょうしょ)		곤란하다	困難(こんなん)だ
A/S센터	アフターサービスセンター		보내다	送(おく)る
주의하다, 조심하다	気(き)をつける		현지	現地(げんち)
받다	受(う)ける		방문하다	訪(たず)ねる
기간	期間(きかん)		시계	時計(とけい)
설명서	説明書(せつめいしょ)		일본제	日本製(にほんせい)
경우	場合(ばあい)			

6 결제 및 교환권 작성 안내

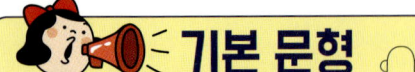 

기본 문형 — Track 37

계산은 이쪽에서 부탁드리겠습니다.
お会計はこちらでお願いします。

이쪽으로 오세요.
こちらへどうぞ。

개인이십니까? 단체로 오셨습니까?
個人ですか。団体で来られましたか。

> **TIP** 개인인 경우에는 안내데스크에서 쇼핑카드를 주지 않지만 단체인 경우에는 단체 고객에게 쇼핑카드를 나눠준다. 그 이유는 단체인 경우 가이드 수수료를 줘야 하기 때문에 반드시 고객이 개인 여행인지 단체 여행인지를 확인해봐야 한다. 예를 들어 다른 단체의 고객인 경우 쇼핑카드 번호가 각각 다르다.

쇼핑카드를 가지고 계신가요?
ショッピングカードをお持ちですか。

쇼핑카드를 봐도 괜찮으시겠습니까?
ショッピングカードを拝見してもよろしいでしょうか。

가이드는 어디에 계십니까?
ガイドさんはどちらにいらっしゃいますか。

가이드의 이름이라든지 여행사의 이름을 알려주세요.
ガイドさんのお名前か旅行社の名前を教えてください。

이 상품을 모두 결제하시겠습니까?
この商品を全部決済なさいますか。

면세품을 구매하실 때에는 여권과 항공권이 필요합니다.
免税品を購入される際には、パスポートとチケットが必要です。

관세법상, 면세품을 판매할 때에는 필요한 정보를 입력해야만 합니다.
関税法上、免税品を販売する時には、必要な情報を入力しなければなりません。

여권 부탁드립니다.
パスポートをお願いいたします。

항공권도 부탁드립니다.
チケットもお願いいたします。

VIP카드를 가지고 계십니까? 있으면 보여주시겠습니까?
VIPカードをお持ちですか。ありましたら、拝見させていただけませんでしょうか。

인천공항으로 출국하십니까?
仁川空港からご出国されますか。

김포공항으로 출국하시나요?
金浦空港からご出国されますか。

출발은 언제입니까?
ご出発はいつですか。

출발시간과 비행기 편명을 말씀해주십시오.
出発の時間と飛行機の便名をお話しください。

이쪽에 사인(sign) 부탁드립니다.
こちらにサインをお願いいたします。

구입하신 물건은 이것과 이것입니다.
お買い上げの品物はこれとこれです。

지불은 원, 엔, 달러, 위안, 유로 모두 가능합니다.
お支払はウォン、円、ドル、ユアン、ユーロ、全部できます。

6 결제 및 교환권 작성 안내

공항 면세점에서는 유로도 사용할 수 있습니다.
空港の免税店ではユーロも使えます。

TIP 유로는 시내 면세점에서는 사용할 수 없고 출국장 면세점인 공항 면세점에서만 사용 가능하다.

계산은 현금으로 하시겠습니까? 아니면 카드로 하시겠습니까?
お支払いは現金になさいますか。それともカードになさいますか。

원화도, 일본 엔화도, 달러도, 모두 괜찮습니다.
ウォンでも、日本円でも、ドルでもみんな大丈夫です。

3천원/5천 엔 거스름돈입니다.
3,000ウォン/5,000円のお返しでございます。

카드를 받았습니다.
カードをお預かりいたします。

면세점에서 카드 할부는 불가능합니다.
免税店で分割払いはできません。

카드의 사인(sign)을 부탁드립니다.
カードのサインをお願いいたします。

그 밖에 여행자수표도 가능합니다.
他にトラベラーズチェックもできます。

죄송합니다만, 브랜드가 다르기 때문에 계산은 따로 부탁드립니다.
申し訳ございませんが、ブランドが違いますので、計算は別々にお願いします。

정확히 만 엔 받았습니다.
一万円ちょうどお預かりいたします。

> 현금과 카드를 섞어서 내셔도 됩니다.

現金とカードを混ぜて出してもよろしいです。

> 잔돈을 내셔도 됩니다.

小銭を出してもいいです。

> 신용카드 한도액이 초과되었습니다.

クレジットカードの限度額が越えてしまいました。

> 이것은 거스름돈입니다.

これはお釣りでございます。

> 이쪽에 서명 부탁드립니다.

こちらにご署名をお願いいたします。

> 구매는 출국하기 세 시간 전까지 가능합니다.

お買い上げは出国する3時間前までできます。

TIP 면세점에서의 쇼핑은 고객이 출국하기 3시간 전까지 구매가 가능하다.

> 시간이 맞지 않기 때문에 구매하실 수 없습니다.

時間が間に合わないので買えません。

> 이것은 교환권과 영수증입니다.

これは引換券と領収書でございます。

TIP 고객이 구매한 상품은 공항 인도장에서 교환권과 교환되기 때문에 구매 후 반드시 교환권과 영수증을 고객에게 건네줘야 한다.

> 교환권은 인도장에서 물건과 교환할 때 필요하기 때문에 잊지 않도록 주의해주십시오.

引換券はお受け取り場所で品物と交換の際に必要ですので、紛失しないようお気をつけください。

 **決済及び交換券作成案内**

교환권은 교환권 봉투에 넣어서 보관해주세요. 교환권 뒷면에 공항 인도장의 약도가 있으니까 참조하세요.
交換券は交換券の封筒に入れて保管してください。交換券の裏面に空港のお受け取り場所の略図がありますので、ご参照ください。

시내 면세점에서 사신 면세품은 지금 가져가실 수 없습니다. 물건은 공항의 인도장에서 받을 수 있습니다.
市内の免税店でご購入された免税品は、今持って行くことができません。品物は空港のお受け取り場所でもらえます。

한국 토산품은 외국인의 경우에는 지금 가져가실 수 있습니다.
韓国のお土産は外国人の場合には、今持って帰られます。

> **TIP**
> 외국인의 경우에는 토산품을 바로 가지고 갈 수도 있고 인도장에서 받을 수도 있지만, 내국인의 경우에는 반드시 인도장에서만 받을 수 있다.

공항 인도장의 위치는 교환권 봉투의 뒷면에 있는 약도를 보시면 됩니다.
空港のお受け取り場所の位置は引換券の封筒の裏面にある略図をご覧ください。

인천공항 인도장은 항공사마다 다릅니다.
仁川空港のお受け取り場所は航空会社ごとに違います。

> **TIP**
> 인도장은 대한항공의 경우 동편에, 아시아나 항공의 경우 서편에, 외국 항공사의 경우 탑승동에 위치해 있다.

본인이 직접 여권과 교환권을 가지고 공항 인도장에서 교환해야만 합니다.
本人が直接パスポートと引換券を持って、空港のお受け取り場所で交換しなければなりません。

공항 면세점에 사신 물건은 바로 가져가실 수 있습니다.
空港の免税店でご購入された品物はすぐお持ち帰りできます。

젤(Gel)이랑 액체류는 인도장에서 확인한 후 탑승 게이트에서 받을 수 있습니다.
ジェルや液体類はお受け取り場所で確認した後、搭乗ゲートでもらえます。

미주/호주행 손님은 젤이랑 액체류를 탑승 게이트에서 받을 수 있습니다.
欧米/オーストラリア行のお客様はジェルや液体類を搭乗ゲートでもらえます。

> 죄송합니다만, 면세품은 포장이 불가능합니다.

申し訳ございませんが、免税品は包装できません。

> 전부 합쳐서 US달러로 1,500달러입니다.

全部合わせて、USドルで1,500ドルでございます。

> 1달러에 100엔이니까 일본 엔으로 환산하면 150,000엔이 됩니다.

1ドルで100円ですので日本円に直すと、150,000円になります。

> 이 상품은 99,000원인데 10만원 받았기 때문에 1,000원 거스름돈입니다.

こちらの商品は99,000ウォンですが、10万ウォンいただきましたので1,000ウォンのお返しでございます。

> 성함은 어떻게 되십니까?

お名前は何とおっしゃいますか。

> 핸드폰 번호를 알려주세요.

携帯の番号を教えてください。

> 자택 주소도 부탁드립니다.

ご自宅の住所もお願いいたします。

연습해 봅시다

01 계산은 이쪽에서 부탁드리겠습니다.

02 개인이십니까? 단체로 오셨습니까?

03 쇼핑카드를 봐도 괜찮으시겠습니까?

04 면세품을 구매하실 때에는 여권과 항공권이 필요합니다.

05 여권 부탁드립니다.

06 출발은 언제입니까?

07 출발시간과 비행기 편명을 말씀해주십시오.

08 이쪽에 사인 부탁드립니다.

상황 회화 🎧 Track 38, 39

① 교환권 작성 🎧 Track 38

職員 : お客様、お会計いたします。こちらへどうぞ。

お客様 : はい、わかりました。

職員 : 個人ですか。それとも団体で来られましたか。

　　　　ショッピングカードをお持ちでしょうか。

　　　　ショッピングカードを拝見してもよろしいでしょうか。

お客様 : 先程はあったんですが、今はないですね。たぶんなくしたようです。

職員 : はい、大丈夫ですよ。ガイドさんはどちらにいらっしゃいますか。

お客様 : たぶん案内デスクの前で待っているはずです。

職員 : はい、かしこまりました。少々お待ちください。

해석

직원 : 고객님, 계산 도와드리겠습니다. 이쪽으로 오세요.

고객 : 예, 알겠습니다.

직원 : 개인이십니까? 아니면 단체로 오셨습니까?
쇼핑카드를 가지고 계신가요?
쇼핑카드를 봐도 괜찮으시겠습니까?

고객 : 아까는 있었는데 지금은 없네요. 아마 잃어버린 것 같아요.

직원 : 예, 괜찮습니다. 그럼 가이드는 어디에 계십니까?

고객 : 아마 안내데스크에서 기다리고 있을 거예요.

직원 : 예, 알겠습니다. 잠시만 기다려주세요.

職員 　　： お客様、お待たせいたしました。

お客様 　： いろいろとすみません。

職員 　　： いいえ、大丈夫ですよ。この商品を全部決済なさいますか。

客様 　　： はい。

職員 　　： パスポートとチケットをお願いいたします。

お客様 　： はい、ここにあります。

職員 　　： ありがとうございます。お名前は中山太郎様ですね。
　　　　　 ご自宅の住所と携帯の番号も教えてください。

お客様 　： 住所は日本国大阪府吹田市山田丘2-3です。
　　　　　 それから携帯番号は00181-90-8270-3969です。

職員 　　： はい、ありがとうございます。ご出発はいつですか。
　　　　　 仁川空港からご出国されますか。それとも金浦空港ですか。

お客様 　： 明日の水曜日、9月9日、仁川空港です。

해석

직원 : 고객님, 오래 기다리셨습니다.

고객 : 여러가지로 미안합니다.

직원 : 아니요, 괜찮습니다. 이 상품을 전부 결제하시겠습니까?

고객 : 네.

직원 : 여권과 항공권 부탁드립니다.

고객 : 네, 여기에 있어요.

직원 : 감사합니다. 성함은 나카야마 타로 씨이지요?
자택 주소와 휴대전화 번호도 알려주세요.

고객 : 주소는 일본국 오사카부 스이타시 야마다오카 2-3입니다.
그리고 휴대전화번호는 00181-90-8270-3969입니다.

직원 : 예, 감사합니다. 출발은 언제입니까?
인천공항으로 출국하십니까? 그렇지 않으면 김포공항인가요?

고객 : 내일 수요일, 9월 9일 인천공항이에요.

職員 : はい、ありがとうございます。

それから出発の時間と飛行機の便名もお願いいたします。

お客様 : 午後3時25分の大韓航空736便です。

職員 : はい、どうも。VIPカードをお持ちですか。

お持ちでしたら、拝見させていただけませんでしょうか。

お客様 : いいえ、ないです。

職員 : お支払いはどうなさいますか。

現金になさいますか。カードになさいますか。

お客様 : カードにします。ここにあります。

職員 : 申し訳ございませんが、クレジットカードの限度額を越えてしまいました。

すみませんが、他のカードはございませんか。

お客様 : あっ、そうですか。これです。

해석

직원 : 예, 감사합니다.
그리고 출발시간과 비행기 편명도 부탁드립니다.

고객 : 오후 3시 25분 대한항공736편이에요.

직원 : 예, 감사합니다. VIP카드를 가지고 계십니까?
소지하고 계시면 보여주시겠습니까?

고객 : 아니요. 없습니다.

직원 : 지불은 어떻게 하시겠습니까?
현금으로 하시겠습니까? 카드로 하시겠습니까?

고객 : 카드로 하겠습니다. 여기에 있습니다.

직원 : 죄송하지만 신용카드 한도액이 초과되었습니다.
죄송한데요, 다른 카드 없으십니까?

고객 : 앗, 그래요? 여기요.

職員　：ここにご署名をお願いいたします。これは引換券と領収書でございます。
　　　　引換券はお受け取り場所で品物と交換する際に必要ですので、紛失しないようにお気をつけください。
　　　　お買い上げの品物は免税品ですので出国する時、仁川空港のお受け取り場所でもらえます。
　　　　仁川空港のお受け取り場所は大韓航空なら、3階の28番ゲートの隣にございます。

お客様：はい、どうも。明日また買い物に来る予定ですが、買い物はいつまでできますか。

職員　：お買い上げは出国する3時間前まで可能です。
　　　　その後は時間が間に合いませんので、買い物はできません。
　　　　お客様のご出発は明日午後3時25分ですので、お買い物は明日昼12時までできます。

お客様：はい、わかりました。ところで、交換とか返品はできますか。

職員　：もちろんできます。しかし品物を開けたら交換や返品はできません。

해석

직원 : 여기에 서명 부탁드립니다. 이것은 교환권과 영수증입니다.
교환권은 인도장에서 물건과 교환할 때 필요하기 때문에 분실하지 않도록 주의해주십시오.
구매하신 물건은 면세품이기 때문에 출국할 때 인천공항 인도장에서 받으실 수 있습니다.
인천공항 인도장은 대한항공인 경우 3층 28번 게이트 옆에 있습니다.

고객 : 네, 고마워요. 내일 또 쇼핑하러 오려고 하는데, 구매는 언제까지 가능한가요?

직원 : 구매는 출국하기 3시간 전까지 가능합니다.
그 이후에는 시간이 맞지 않기 때문에 쇼핑은 불가능합니다.
고객님의 출국은 내일 오후 3시 25분이기 때문에 쇼핑은 내일 낮 12시까지 가능합니다.

고객 : 네, 알겠습니다. 그런데 교환이나 환불은 가능한가요?

직원 : 물론 가능합니다. 그러나 물건을 개봉하면 교환 또는 환불은 불가능합니다.

お客様　：そうですか。わかりました。これはお土産ですが、包装はできますか。

職員　　：申し訳ございませんが、免税品は包装できません。

　　　　　それは関税の規定に反する事でございます。

　　　　　でも、お土産ですから品物をケースに入れた後、透明な袋に入れてさし上げることはできます。

お客様　：わかりました。

職員　　：お客様、お名前をもう一度ご確認ください。

　　　　　ご出発は明日の水曜日、9月9日午後3時25分の大韓航空736便ですね。

　　　　　お受け取り場所は大韓航空の場合、出国手続きを終わってから3階の28番ゲートの隣にございます。

　　　　　お買い上げの品物はこれとこれ2つですね。忘れずにお受け取り場所で必ずもらってください。

お客様　：わかりました。よろしくお願いします。ごくろうさまでした。

職員　　：お客様、どうもありがとうございました。また、お越しくださいませ。

해석

고객 : 그렇군요. 알겠습니다. 이건 선물인데 혹시 포장은 되나요?

직원 : 죄송합니다만, 면세품은 선물 포장이 불가능합니다.
그것은 관세 규정에 어긋나는 일입니다.
그렇지만 선물이니까 물건을 케이스에 넣은 다음 투명한 봉투에 넣어드릴 수 있습니다.

고객 : 알겠습니다.

직원 : 고객님, 성함을 다시 한 번 확인해주세요.
출발은 내일 수요일 9월 9일 오후 3시 25분 대한항공 736편이고요.
인도장은 대한항공의 경우 출국 수속을 마친 후에 3층 28번 게이트 옆에 있습니다.
구입하신 물건은 이것과 이것 두 개네요. 잊지 말고 인도장에서 꼭 받으세요.

고객 : 알겠습니다. 그럼 잘 부탁합니다. 수고했어요.

직원 : 고객님, 감사합니다. 다음에 또 찾아주세요.

② 결제 🎧 Track 39

お客様 ： はい、全部でいくらになりますか。

職員 ： はい、合計で15,600円でございます。

お客様 ： じゃ、これで。

職員 ： お客様、20,000円お預かりいたします。

お客様 ： すみません。小銭も使えますか。

職員 ： もちろんです。小銭も大丈夫です。600円もういただきました。

お客様 ： はい、わかりました。

職員 ： 5,000円のお返しでございます。5,000円札一枚でございます。

お客様 ： はい、どうもありがとう。

職員 ： お客様、どうもありがとうございました。また、お越しくださいませ。

해석

고객 : 네, 전부해서 얼마입니까?

직원 : 예, 합계 15,600엔입니다.

고객 : 그럼 이걸로 해주세요.

직원 : 고객님, 20,000엔 받았습니다.

고객 : 미안한데요. 잔돈도 사용할 수 있나요?

직원 : 물론입니다. 잔돈도 괜찮습니다. 600엔 더 받았습니다.

고객 : 네, 알겠습니다.

직원 : 고객님, 5,000엔 거스름돈입니다. 5,000엔 지폐 1장입니다.

고객 : 네, 고마워요.

직원 : 고객님, 대단히 고맙습니다. 또 들러주세요.

계산	会計（かいけい）
개인	個人（こじん）
오다	来る（く）
쇼핑카드	ショッピングカード
삼가보다	拝見する（はいけん）（見る의 존경어）
가이드	ガイドさん
계시다	いらっしゃる（いる의 존경어）
이름, 성함	名前（なまえ）
여행사	旅行社（りょこうしゃ）
가르치다	教える（おし）
결제	決済（けっさい）
구입, 구매	購入（こうにゅう）
여권	パスポート
항공권	チケット
필요하다	必要だ（ひつよう）
관세법	関税法（かんぜいほう）
정보	情報（じょうほう）
입력	入力（にゅうりょく）
공항	空港（くうこう）
출국	出国（しゅっこく）
출발	出発（しゅっぱつ）
출발시간	出発の時間（しゅっぱつ・じかん）
비행기 편명	飛行機の便名（ひこうき・びんめい）
사인(Sign)	サイン
구매하다, 구입하다	買い上げる（か・あ）
물건	品物（しなもの）
괜찮다	大丈夫だ（だいじょうぶ）
현금	現金（げんきん）
카드	カード
거스름돈	お返し（かえ）
맡다, 보관하다	預かる（あず）
할부	分割払い（ぶんかつばら）
여행자수표	トラベラーズチェック
계산	計算（けいさん）

따로따로	別々に(べつべつに)	보관	保管(ほかん)
정확히, 딱	ちょうど	뒷면	裏面(うらめん)
섞다	混ぜる(まぜる)	약도	略図(りゃくず)
잔돈	小銭(こぜに)	참조	参照(さんしょう)
내다, (값을)치르다	出す(だす)	시내 면세점	市内の免税店(しないのめんぜいてん)
신용카드	クレジットカード	토산품	韓国のお土産(かんこくのおみやげ)
한도액	限度額(げんどがく)	외국인	外国人(がいこくじん)
넘다, 초과하다	越える(こえる)	위치	位置(いち)
거스름돈	お釣り(おつり)	항공사	航空会社(こうくうがいしゃ)
서명	署名(しょめい)	본인	本人(ほんにん)
시간에 맞다	時間が間に合う(じかんがまにあう)	직접	直接(ちょくせつ)
사다	買う(かう)	공항 면세점	空港の免税店(くうこうのめんぜいてん)
교환권	引換券(ひきかえけん)	젤(Gel)	ジェル
영수증	領収書(りょうしゅうしょ)	액체류	液体類(えきたいるい)
인도장	お受け取り場所(おうけとりばしょ)	확인	確認(かくにん)
교환	交換(こうかん)	탑승 게이트	搭乗ゲート(とうじょうゲート)
잊다, 잊어버리다	なくす	미주행	欧米行(おうべいゆき)
봉투에 넣다	封筒に入れる(ふうとうにいれる)	호주행	オーストラリア行(ゆき)

전부	全部(ぜんぶ)	예정	予定(よてい)
합쳐서	合(あ)わせて	환불, 반품	返品(へんぴん)
환산하다, 바꾸다	直(なお)す	위반되다, 어긋나다	反(はん)する
휴대전화번호	携帯(けいたい)の番号(ばんごう)	케이스	ケース
자택 주소	自宅(じたく)の住所(じゅうしょ)	투명	透明(とうめい)
아까, 조금 전	先程(さきほど)	봉투	袋(ふくろ)
아마	多分(たぶん)	수속	手続(てつづ)き
안내데스크	案内(あんない)デスク	끝나다	終(お)わる
기다리다	待(ま)つ	잃다, 잃어버리다	なくす
말하다, 이야기하다	話(はな)す	합계	合計(ごうけい)
쇼핑	買(か)い物(もの)	지폐	札(さつ)

7 교환 및 반품 안내

기본 문형 　Track 41

교환 및 반품을 원하실 때에는 반드시 영수증을 지참하셔야만 합니다.
交換とか返品したい際には、必ず領収書をお持ちください。

상품을 개봉 또는 사용한 후에는 상품 교환이나 환불을 할 수 없습니다.
商品を開封または使った後は商品の交換や返品ができません。

영수증을 확인하겠습니다.
領収書を確認させていただきます。

구매하신 상품이 마음에 안 드신 경우에는 환불해드립니다.
お買い上げになった商品がお気に召さない場合には、返金させていただきます。

이것은 불량품이므로 새 상품으로 바꿔드리겠습니다.
これは不良品ですので、新しいものにお取り替えさせていただきます。

동일한 것으로 색상이 다른 것으로 하시겠습니까?
同じもので色の違う品物になさいますか。

번거롭게 해드려 죄송합니다.
ご迷惑をおかけして申し訳ございません。

교환과 환불은 계산하신 카운터에서만 가능합니다.
交換と返品はお会計されたカウンターのみで可能です。

교환이나 환불하기 위해서는 결제하신 신용카드가 필요합니다.
交換や返品のためには、決済されたクレジットカードが必要です。

이것은 판매 취소한 영수증입니다.
これはキャンセルした領収書です。

연습해 봅시다

01 교환 및 반품을 원하실 때에는 반드시 영수증을 지참하셔야만 합니다.

02 상품을 개봉 또는 사용한 후에는 상품 교환이나 환불을 할 수 없습니다.

03 영수증을 확인하겠습니다.

04 구매하신 상품이 마음에 안 드신 경우에는 환불해드립니다.

05 이것은 불량품이므로 새 상품으로 바꿔드리겠습니다.

06 동일한 것으로 색상이 다른 것으로 하시겠습니까?

07 번거롭게 해드려 죄송합니다.

08 교환과 환불은 계산하신 카운터에서만 가능합니다.

09 교환이나 환불하기 위해서는 결제하신 신용카드가 필요합니다.

10 이것은 판매 취소한 영수증입니다.

상황 회화 🎧 Track 42

職員　：おはようございます。いらっしゃいませ。何かお手伝いしましょうか。

お客様：おはようございます。先週、ここでこの服を買ったんですが、ちょっと小さいので1サイズ大きいものに交換したいです。

職員　：はい、そうですか。恐れ入りますが、品物を見せていただけますか。

お客様：はい、ここにあります。

職員　：お客様、交換はちょっと難しいです。

お客様：どうしてですか。

職員　：申し訳ございませんが、値札を切った商品は交換や返品ができません。

お客様：今回だけちょっとお願いします。

職員　：すみませんが、それは関税の規定に反する事でございます。

お客様：はい、わかりました。

職員　：はい、どうもありがとうございました。また、お越しくださいませ。

해석

직원 : 안녕하세요. 어서 오세요. 무엇을 도와드릴까요?

고객 : 안녕하세요. 지난주 여기서 이 옷을 샀는데 좀 작아서 한 사이즈 큰 것으로 교환하고 싶은데요.

직원 : 네, 그러세요. 실례지만, 물건을 좀 보여주시겠습니까?

고객 : 네, 여기 있습니다.

직원 : 손님, 교환은 조금 곤란합니다.

고객 : 어째서인가요?

직원 : 죄송합니다만, 가격표를 뗀 상품은 교환이나 반품이 불가능합니다.

고객 : 이번만 좀 부탁드릴게요.

직원 : 죄송합니다만, 그것은 관세 규정에 어긋나는 일입니다.

고객 : 네, 알겠습니다.

직원 : 예, 감사합니다. 또 들러주세요.

단어장 Track 43

반드시, 꼭	必ず
개봉	開封
마음에 안 들다	お気に召さない
환불	返金
불량품	不良品
바꾸다, 교환하다	取り替える
폐를 끼치다, 번거롭게 하다	ご迷惑をかける
카운터	カウンター
판매 취소	キャンセル

돕다, 도와주다	手伝う
지난주	先週
옷	服
조금, 좀	ちょっと
어째서, 왜	どうして
가격표를 떼다	値札を切る
이번	今度
규정에 어긋나다	規定に反する

 매장 또는 장소 관련 안내

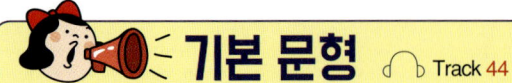 기본 문형

환전소는 입구 오른쪽에 있습니다.
両替所（りょうがえしょ）は入口（いりぐち）の右側（みぎがわ）にございます。

고객 휴게실은 왼쪽으로 돌아가시면 바로 있습니다. 음료를 무료로 이용하실 수 있습니다.
お客様（きゃくさま）の休憩室（きゅうけいしつ）は左側（ひだりがわ）に曲（ま）がったらすぐあります。お飲（の）み物（もの）を無料（むりょう）でご利用（りよう）できます。

수입품은 내국인과 외국인 구분없이 모두 공항 인도장에서 받을 수 있습니다.
輸入品（ゆにゅうひん）は内国人（ないこくじん）と外国人（がいこくじん）区別（くべつ）なく、みんな空港（くうこう）のお受（う）け取（と）り場所（ばしょ）でもらえます。

한국 토산품은 외국인의 경우 지금 받을 수 있지만, 내국인의 경우 공항 인도장에서 받을 수 있습니다.
韓国（かんこく）のお土産（みやげ）は外国人（がいこくじん）の場合（ばあい）は今（いま）、引（ひ）き渡（わた）せますが、内国人（ないこくじん）の場合（ばあい）は空港（くうこう）のお受（う）け取（と）り場所（ばしょ）で引（ひ）き渡（わた）せます。

인천공항 인도장은 3층 28번 게이트 옆에 있습니다.
仁川空港（インチョンくうこう）のお受（う）け取（と）り場所（ばしょ）は3階（かい）の28番（ばん）ゲートの隣（となり）にございます。

화장실은 여기서 좌측으로 곧장 가시면 바로 있습니다.
トイレはここから左側（ひだりがわ）にまっすぐ行（い）かれますと、すぐあります。

면세점 VIP카드는 안내데스크에서 발급해드립니다.
免税店（めんぜいてん）のVIPカードは案内（あんない）デスクで発給（はっきゅう）しております。

안내데스크는 엘리베이터 앞에 있습니다.
案内（あんない）デスクはエレベーターの前（まえ）にあります。

76

연습해 봅시다

01 환전소는 입구 오른쪽에 있습니다.

02 고객 휴게실은 왼쪽으로 돌아가시면 바로 있습니다.

03 인천공항 인도장은 3층 28번 게이트 옆에 있습니다.

04 화장실은 여기서 좌측으로 곧장 가시면 바로 있습니다.

05 면세점 VIP카드는 안내데스크에서 발급해드립니다.

06 안내데스크는 엘리베이터 앞에 있습니다.

상황 회화 🎧 Track 45

お客様 : 品物は今、持って帰られますか。

職員 : いいえ、申し訳ございませんが、輸入品は内国人と外国人区別なく、空港のお受け取り場所でもらえます。
韓国のお土産は外国人の場合、今、もらってもいいし、空港のお受け取り場所でもらってもいいです。

お客様 : そうですか。わかりました。ちょっと疲れましたが、この免税店に休憩室はありませんか。

職員 : はい、もちろんございます。
お客様の休憩室は左側に曲がったら直ぐあります。お飲み物が無料でご利用できます。

お客様 : はい、わかりました。どうもありがとう。
まず、トイレに行きたいですね。トイレはどこにありますか。

職員 : トイレはここから左側にまっすぐ行かれますと、すぐあります。

お客様 : はい、どうもありがとう。

職員 : お客様、どうもありがとうございました。また、お越しください。

해석

고객 : 물건은 지금 가져갈 수 있나요?

직원 : 아니요, 죄송합니다만 수입품은 내국인과 외국인 구분없이 공항 인도장에서 받습니다. 한국 토산품은 외국인의 경우 지금 받아도 되고, 공항 인도장에서 받아도 됩니다.

고객 : 네, 그렇군요. 알겠습니다. 좀 피곤한데요, 이 면세점에 휴게실은 없나요?

직원 : 네, 물론 있습니다.
고객 휴게실은 왼쪽으로 돌아가시면 바로 있습니다. 음료수를 무료로 이용할 수 있습니다.

고객 : 네, 알겠습니다. 고마워요.
먼저 화장실에 가고 싶은데요. 화장실은 어디에 있지요?

직원 : 화장실은 여기서 좌측으로 곧장 가시면 바로 있습니다.

고객 : 네, 고마워요.

직원 : 고객님, 감사합니다. 또 오세요.

환전소	両替所(りょうがえしょ)
입구	入口(いりぐち)
우측, 오른쪽	右側(みぎがわ)
고객 휴게실	お客様の休憩室(きゃくさま の きゅうけいしつ)
좌측으로 돌다	左側に曲がる(ひだりがわ に ま がる)
곧, 즉시, 바로	すぐ
음료, 음료수	飲み物(の もの)
무료	無料(むりょう)
이용	利用(りよう)
수입품	輸入品(ゆにゅうひん)
내국인	内国人(ないこくじん)
화장실	トイレ
가다	行く(い く)
발급	発給(はっきゅう)
곧장, 곧바로	まっすぐ
엘리베이터	エレベーター
구별	区別(くべつ)
피곤하다	疲れる(つか れる)
우선, 먼저	まず

UNIT 04

고객응대
- 장소별 -

주요 학습 내용

1. 화장품 및 향수 코너
2. 부티크 코너
3. 귀금속 코너
4. 토산품 코너
5. 담배 및 주류 코너

화장품 및 향수 코너 - 화장품

기본 문형　Track 47

어느 분이 사용하실 제품을 찾으십니까?
どなた様がお使いになられる製品をお探しですか。

죄송합니다만, 사용하실 분의 나이가 어떻게 되십니까?
申し訳ございませんが、お使いになる方はおいくつですか。

젊은 분입니까? 아니면 나이가 드신 분입니까?
お若い方ですか。それともご年配の方ですか。

테스트해드릴까요?
テストいたしましょうか。

느낌은 어떠신가요?
感じはいかがですか。

피부 타입은 무엇인가요?
お肌のタイプは何ですか。

피부 타입에는 지성, 중성, 건성, 민감성이 있습니다.
お肌のタイプにはオイリー、中性、乾性、敏感性があります。

사용하실 분은 건성피부, 중성피부, 지성피부 중 어느 타입입니까?
お使いになる方は乾燥肌、混合肌、脂性肌のうち、どのタイプですか。

기미와 주근깨에 효과가 있는 미백기능 화장품입니다.
染みとソバカスに効果のある美白機能の化粧品です。

이 화장품을 계속해서 사용하면 주근깨와 색소침착이 점점 옅어집니다.
この化粧品を続けて使えば、ソバカスと色素沈着がだんだん薄くなります。

82

이 화장품은 피부에 탄력을 주는 리프팅(lifting) 효과가 있습니다.
この化粧品はお肌に弾力を与えるリフティングの効果があります。

이 제품은 얼굴을 작게 만드는 슬리밍(slimming) 효과가 있는 화장품입니다.
この製品はお顔を小さく作るスリミングの効果のある化粧品でございます。

주름을 개선시키는 효과가 있는 제품입니다.
シワを改善させる効果のある製品です。

이 화장품은 피부를 재생시켜주는 효과가 함유되어 있습니다.
この化粧品はお肌を再生させる効果が含まれています。

이 상품은 각질을 제거해주는 기능이 들어가 있습니다.
この商品は角質を取り除く機能が入っております。

이것은 노화방지용 영양크림입니다.
こちらはアンチエイジングの栄養クリームです。

이 상품은 특히 수분과 보습이 뛰어납니다.
この商品は特に水分と保湿が優れております。

이것은 주름 개선 효과가 있는 에센스(essence)와 영양크림 세트 상품입니다.
こちらはシワを改善する効果のある美容液と栄養クリームのセット商品です。

이 썬크림은 SPF(Sun Protection Fator) 지수가 높아 자외선 차단 시간이 깁니다.
このサンクリームはSPFの指数が高くて、紫外線の遮断時間が長いです。

자외선 차단 기능이 함유된 메이크업 베이스(make-up base)/파운데이션(foundation)입니다.
紫外線の遮断機能が含まれたメークアップベース/ファンデーションでございます。

UNIT 04　83

 화장품 및 향수 코너-화장품

> 이 상품은 모공수축의 효과가 있습니다.

この商品は毛穴収縮の効果があります。

> 이 상품은 오일 프리(oil-free)/알코올 프리(alchhol-free) 제품입니다.

この商品はオイルフリー/アルコールフリー製品でございます。

> 이 상품은 고농축 크림입니다.

この商品は高濃縮のクリームでございます。

> 이것은 클렌징(cleansing)/딥클렌징(deep cleansing) 제품입니다.

こちらはクレンジング/ディープクレンジング製品でございます。

> 화장을 지울 때 사용하는 클렌징 제품입니다.

化粧を落とす時に使うクレンジング製品です。

> 이 상품은 눈가와 입술의 색조화장을 지우는 클렌징 제품입니다.

この商品は目もとと唇のメークアップを落とすクレンジング製品です。

> 피지 조절이 가능한 제품입니다.

皮脂の調節ができる製品でございます。

> 이것은 셀룰라이트(cellulite) 감소 효과가 있는 제품입니다.

こちらはセルライトの減少効果のある製品です。

> 이 상품은 특히 기능성 화장품입니다.

この商品は特に機能性の化粧品でございます。

> 지성 피부용이기 때문에 끈적임이나 번들거림이 없습니다.

オイリー肌用ですので、べた付きとテカリはありません。

84

- 이 상품은 다른 상품보다 매우 촉촉합니다.

この商品は他の商品よりとてもしっとりしています。

- 이것은 커버력이 좋은 파운데이션입니다.

これはカバー力のいいファンデーションです。

- 미백기능이 함유되어 있는 파운데이션입니다.

美白機能が含まれているファンデーションです。

- 이 상품은 방수제품입니다.

この商品はウォータープルーフ製品です。

- 속눈썹을 풍성하게 하는 볼륨마스카라(volume mascara)입니다.

まつげを豊かにするボリュームマスカラです。

- 이 마스카라는 속눈썹을 길게 보이게 하는 효과가 있는 방수제품입니다.

このマスカラはまつげを長く見せる効果のあるウォータープルーフ製品です。

- 워터푸르프(water proof : 방수) 마스카라는 물에 안 지워집니다.

ウォータープルーフのマスカラは水に落ちません。

- 이 메이크업 팔레트(make-up palette)에는 최신 유행하는 컬러(color)가 들어 있습니다.

このメーキャップパレットには最新流行のカラーが入っております。

- 색상은 마음에 드십니까?

色は気に入りましたか。

- 이 제품은 신상품입니다.

この製品は新商品でございます。

1 화장품 및 향수 코너-화장품

> 이것이 지금 유행하는 것입니다.

これが今の流行りです。

> 고객님의 피부톤에는 이쪽에 있는 밝은 색상이 잘 어울립니다.

お客様のお肌のトーンにはこちらの明るい色がよくお似合いです。

> 간단한 선물로 립스틱 세트(lipstick set)도 좋습니다.

簡単なお土産として口紅セットもいいです。

> 이쪽에 있는 립스틱 세트는 개별 포장되어 있어서 단체 선물로 더욱 좋습니다.

こちらのリップスティックセットは個別に包装されていて、団体のお土産としてよりいいです。

> 립스틱 세트에는 3개, 5개가 들어있는 2종류가 있습니다.

リップスティックセットには3つ入り、5つ入りの2種類があります。

> 립스틱 세트는 색깔 교환이 안 됩니다.

リップスティックセットは色の交換ができません。

> 아이크림(eyecream)의 용량은 대개 15ml입니다. 눈가에 조금씩 발라주시면 됩니다.

アイクリームの容量はたいてい15mlでございます。目もとに少しずつ塗ってください。

> 아이크림은 세럼(serum) 또는 크림 타입 2종류가 있습니다.

アイクリームはセラム、またはクリームタイプの2種類があります。

> 아이크림은 눈에 들어가지 않도록 조심하시고 눈 주위에만 발라주세요.

アイクリームは目に入らないようにお気をつけ、目の周りのみに塗ってください。

> 영양크림의 용량은 대개 30ml와 50ml가 있는데 가격은 클수록 저렴해집니다.

栄養クリームの容量はたいてい30mlと50mlがございますが、値段はサイズが大きければ大きいほど安くなります。

> 더 큰 사이즈도 있습니다. 에스티로더(Estee Lauder)의 영양크림 중 500ml 상품도 있습니다.

もっと大きなサイズもございます。エスティローダーの栄養クリームの中で500mlの商品もございます。

> 영양크림은 아침저녁 관계없이 바르는 상품과, 아침과 저녁 따로따로 바르는 2종류가 있습니다.

栄養クリームは朝と夜関係なく塗る商品と、朝と夜別々に塗る2種類があります。

> 에센스의 용량은 30ml, 50ml, 100ml가 있는데 이것도 용량이 클수록 가격은 저렴해집니다.

美容液の容量は30ml、50ml、100mlがございますが、これもサイズが大きければ大きいほど安くなります。

> 에센스는 아침저녁 상관없이 바르는 한 종류 뿐입니다.

美容液は朝と夜関係なく塗る一種類だけです。

> 겔랑(Guerlain) 구슬파우더인 메테오리테(METEORITES)는 화사하면서 자연스러운 피부를 표현할 수 있습니다.

ゲランの玉パウダーであるメテオリテは、華やかながら自然なお肌を表現できます。

> 메테오리테에는 전용 붓이 있습니다만, 그것은 따로 구매하셔야만 합니다.

メテオリテには専用の筆がありますが、それは別途に買わなければなりません。

> 에스티로더의 어드밴스트 나이트 리페어(Advanced Night Repair) 제품은 피부재생을 도와주며 밤에 바르는 에센스입니다.

エスティローダーのアドバンストナイトリペア製品はお肌の再生を助け、夜に塗る美容液です。

> 이 클린징 제품은 각질제거용 스크럽(scrub) 타입입니다.

このクレンジングの製品は角質除去用のスクラブタイプです。

> 이 제품은 눈가와 입가의 주름을 완화시킵니다.

この製品は目もと(目じり)と口元のシワを緩和します。

 화장품 및 향수 코너 – 화장품

이 제품은 여드름을 없애는 기능이 들어간 기능성 화장품입니다.
この製品はにきびを無くす機能が入った機能性の化粧品でございます。

이 화장품은 피부를 매끄럽게 정돈시키는 스킨(skin)입니다.
この化粧品はお肌を滑らかに整える化粧水でございます。

최근 팩(pack)은 부담 없는 가격으로 간단한 선물로 매우 인기가 있습니다.
最近、パックは手軽な価格で簡単なお土産としてとても人気があります。

이 제품은 지성용 스킨으로 모공을 좁혀주는 기능이 들어 있습니다.
この製品は脂性肌の化粧水で、毛穴を狭くする機能が入っております。

피부 트러블이 일어나는 경우는 극히 드뭅니다. 걱정하지 마세요.
お肌のトラブルが起こる場合は極めて少ないです。心配しないでください。

BB크림이나 CC크림은 자외선 차단도 가능하고 메이크업 베이스와 파운데이션 기능도 있어서 대신 사용하셔도 됩니다.
BBクリームやCCクリームは紫外線の遮断も可能し、メーキャップベースとファンデーション機能もあって、その代わりに使ってもいいです。

화장품의 사용기한은 개봉하지 않으면 2~3년까지입니다.
化粧品の使用期限は開封しなければ、2～3年まででございます。

화장품을 개봉한 후에는 12개월 이내에 사용해 주십시오.
化粧品を開封した後は12ヶ月以内に使ってください。

화장품의 사용기한은 뒷면 또는 바닥에 적혀 있습니다.
化粧品の使用期限は裏面または底に書いてあります。

잘 안지워지는 립스틱도 있습니다.
あまり色落ちしないリップスティックもあります。

화장품 바르는 순서는 스킨, 로션(lotion), 아이크림, 에센스, 영양크림, 자외선 차단제, 메이크업 베이스, 파운데이션입니다.

化粧品をつける順序は化粧水、乳液、アイクリーム、美容液、栄養クリーム、日やけ止め、メーキャップベース、ファンデーションでございます。

이것은 남녀가 함께 사용할 수 있는 화장품입니다.

これは男女共にお使いになれる化粧品でございます。

이 화장품은 건조해지기 쉬운 피부에 매우 좋습니다.

この化粧品は乾燥しやすいお肌にとてもいいです。

피부에 충분한 수분을 공급하는 것이 무엇보다도 중요합니다.

お肌に十分な水分を与えるのが何よりも大切です。

눈가와 입술을 제외하고 얼굴 전체에 골고루 가볍게 펴 바르시면 됩니다.

目もとと唇を除いて、お顔全体に満遍なくかるく伸ばすようにおつけください。

천연성분으로 만들어졌기 때문에 모든 피부타입에 사용할 수 있으며, 특히 민감성 피부를 가진 분에게 추천해 드립니다.

天然の成分で作られましたので、すべての肌タイプに使え、特に敏感性肌の方におすすめいたします。

연습해 봅시다

01 어느 분이 사용하실 제품을 찾으십니까?

02 죄송합니다만, 사용하실 분의 나이가 어떻게 되십니까?

03 테스트해드릴까요?

04 피부 타입은 무엇인가요?

05 피부 타입에는 지성, 중성, 건성, 민감성이 있습니다.

06 기미와 주근깨에 효과가 있는 미백기능 화장품입니다.

07 이 화장품은 피부에 탄력을 주는 리프팅(lifting) 효과가 있습니다.

08 이 화장품은 피부를 재생시켜주는 효과가 함유되어 있습니다.

상황 회화 Track 48

職員　：いらっしゃいませ。化粧品コーナーでございます。何をお探しですか。

お客様：頼まれたものがありますが。

職員　：それは何ですか。

お客様：エスティローダーのコンパクト21番と、ランコムのリップスティック385番ですよ。おいくらですか。

職員　：コンパクトは45ドルで、リップスティックは27ドルでございます。

お客様：韓国ウォンでいくらになりますか。

職員　：2つ合わせて72ドルになります。

　　　　今日のレートで1ドルは韓国のお金で1,100ウォンですので、合計79,200ウォンになります。

お客様：じゃ、それを2つずつください。先の品物と一緒に払ってもいいですか。

職員　：申し訳ございませんが、ブランドが違いますので、計算は別々にお願いします。

お客様：そうですね。わかりました。

해석

직원：어서 오세요. 화장품 코너입니다. 무엇을 찾으세요?

고객：부탁받은 물건이 있는데요.

직원：그것이 뭔가요?

고객：에스티로더 콤팩트(compact) 21호와 랑콤 립스틱 385호예요. 얼마지요?

직원：콤팩트는 45달러이고, 립스틱은 27달러예요.

고객：한국 원으로 얼마인가요?

직원：2개 합쳐 72달러가 됩니다. 오늘 환율로 1달러는 한국 돈으로 1,100원이니까, 합계 79,200원이 됩니다.

고객：그럼, 그것을 2개씩 주세요. 아까 고른 물건과 함께 계산해도 되지요?

직원：죄송합니다만, 브랜드가 다르기 때문에 계산은 따로따로 부탁드립니다.

고객：그렇군요. 알겠습니다.

어느 분	どなた様
젊은 분	お若い方
나이 드신 분	ご年配の方
느낌	感じ
타입	タイプ
지성	オイリー
중성	中性
건성	乾性
민감성	敏感生
건성피부	乾燥肌
중성피부	混合肌
지성피부	脂性肌
기미	染み
잡티	ソバカス
미백	美白
화장품	化粧品
색소침착	色素沈着
점점	だんだん
옅다	薄い
탄력을 주다	弾力を与える
리프팅	リフティング
효과	効果
얼굴	顔
만들다	作る
슬리밍	スリミング
주름	シワ
개선	改善
재생	再生
포함하다, 함유하다	含む
각질	角質
제거	除去
노화방지	アンチエイジング
영양크림	栄養クリーム
수분	水分
보습	保湿
뛰어나다, 탁월하다	優れる

에센스	美容液(びようえき)	셀룰라이트	セルライト
세트상품	セット商品(しょうひん)	감소	減少(げんしょう)
썬크림	サンクリーム	기능성	機能性(きのうせい)
자외선	紫外線(しがいせん)	끈적임	べた付(つ)き
차단기능	遮断機能(しゃだんきのう)	번들거림	テカリ
자외선 차단제	日(ひ)やけ止(ど)め	커버력	カバー力(りょく)
메이크업 베이스	メーキャップベース	워터푸르프(방수)	ウォータープルーフ
파운데이션	ファンデーション	속눈썹	まつげ
모공수축	毛穴収縮(けあなしゅうしゅく)	풍성하다, 풍부하다	豊(ゆた)かだ
오일프리	オイルフリー	볼륨 마스카라	ボリュームマスカラ
알콜프리	アルコールフリー	길다	長(なが)い
고농축	高濃縮(こうのうしゅく)	메이크업 팔레트	メーキャップパレット
클렌징	クレンジング	최신	最新(さいしん)
딥 클렌징	ディープクレンジング	컬러	カラー
화장을 지우다	化粧(けしょう)を落(お)とす	색상, 색깔	色(いろ)
눈가	目(め)もと	밝다	明(あか)るい
입술	唇(くちびる)	립스틱 세트	口紅(くちべに)セット
피지조절	皮脂(ひし)の調節(ちょうせつ)	개별	個別(こべつ)

아이크림	アイクリーム	완화	緩和(かんわ)
용량	容量(ようりょう)	여드름을 없애다	にきびを無(な)くす
조금씩	少(すこ)しずつ	매끄럽다, 매끈매끈하다	滑(なめ)らかだ
바르다	塗(ぬ)る	정돈시키다	整(ととの)える
세럼	セラム	스킨	化粧水(けしょうすい)
눈	目(め)	팩	パック
주변, 주위	周(まわ)り	모공	毛穴(けあな)
아침	朝(あさ)	좁다	狭(せま)い
저녁	夜(よる)	트러블이 일어나다	トラブルが起(お)きる
따로따로	別々(べつべつ)	극히, 지극히	極(きわ)めて
화사하다	華(はな)やかだ	적다	少(すく)ない
자연	自然(しぜん)	걱정, 근심	心配(しんぱい)
표현	表現(ひょうげん)	대신	代(か)わり
전용	専用(せんよう)	사용기한	使用期限(しようきげん)
붓	筆(ふで)	개봉	開封(かいふう)
각질제거용	角質除去用(かくしつじょきょよう)	이내	以内(いない)
스크럽	スクラブ	뒷면	裏面(うらめん)
입가	口元(くちもと)	바닥	底(そこ)

색이 빠짐	色落ち（いろお）		전체	全体（ぜんたい）
화장품을 바르다	化粧品をつける（けしょうひん）		골고루	まんべんなく
순서	順序（じゅんじょ）		가볍다	かるい
로션	乳液（にゅうえき）		펴다	伸ばす（の）
충분하다	十分だ（じゅうぶん）		천연성분	天然の成分（てんねん せいぶん）
공급하다	与える（あた）		추천하다, 권유하다	すすめる
제외하다	除く（のぞ）		부탁하다	頼む（たの）

1 화장품 및 향수 코너 - 향수

  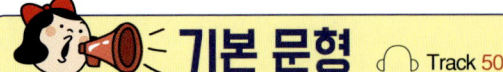 

기본 문형 Track 50

어떤 타입의 향수를 원하십니까?
どのようなタイプの香水が欲しいですか。

이 향수는 특히 젊은 분이 좋아하는 향입니다.
この香水は特にお若い方が好きな香りです。

이 향수는 30ml와 50ml, 100ml 3종류가 있습니다.
この香水は30mlと50ml、100mlの3種類があります。

이것보다 더 큰/작은 사이즈도 있습니다.
これよりもっと大きい/小さいサイズもあります。

향수를 2병 이상 사시면 10% 할인해드립니다.
香水を2本以上お買い上げになりますと、10%割引させていただきます。

이 향수는 (달콤한) 향입니다.
この香水は(甘い)香りです。

| 시원한, 진한, 옅은, 여름에 어울리는, 겨울에 어울리는 | 涼しい, 濃い, 薄い, 夏に似合う, 冬に似合う |

이 상품은 특히 잔향이 은은하고 좋습니다.
この商品は特に残り香が仄かでいいです。

향수를 처음 쓰시는 분이라면 오드 퍼퓸이나 오드 뚜알렛을 선택하는 편이 좋습니다.
香水をはじめてお使いになる方なら、オーデパヒュームかオーデトワレを選んだ方がいいです。

이 향수는 다른 향수보다 향이 오래 지속됩니다.
この香水は他の香水より香りが長く持続します。

> 가격은 사이즈가 크면 클수록 저렴합니다.

価格はサイズが大きければ大きいほど安いです。

> 이 상품은 여성용/남성용 향수입니다.

この商品は女性用/男性用の香水です。

> 이 향수는 남녀 공용입니다.

この香水は男女共用でございます。

> 같은 향이지만 지속성의 차이가 있습니다.

同じ香りですが、持続性の差があります。

> 향수를 사용하실 분의 나이는 어느 정도 입니까?

香水をお使いになる方のお年はどのくらいですか。

> 향수는 바디클렌징(body cleansing)과 바디로션(body lotion)을 함께 쓰면 향이 오래 지속됩니다.

香水はボディークレンジングとボディーローションをいっしょに使うと香りが長く持続します。

> 이 향수는 바디클렌징과 바디로션이 들어간 세트 상품입니다.

この香水はボディークレンジングとボディーローションが入ったセットの商品です。

> 향수 미니어쳐(miniature) 세트는 같은 브랜드로 다른 종류의 향수가 들어 있습니다.

香水のミニチュアセットは同じブランドで、別種の香水が入っております。

> 샤넬(Chanel) NO.5와 NO.19는 여성용 향수로, NO.5는 나이 드신 분이 좋아하고 NO.19는 젊은 분들이 좋아합니다.

シャネルのNO.5とNO.19は女性用の香水で、NO.5はお年寄りの方が好み、NO.19はお若い方が好みます。

 화장품 및 향수 코너-향수

> 향수를 사용하신 후에는 병 뚜껑을 꼭 닫아 주세요.

香水をお使いになった後は瓶の蓋を必ず閉じてください。

> 향수를 뿌리실 때 흰색 옷, 실크, 모피, 가죽 제품에 직접 사용하시면 얼룩이 질 수도 있습니다.

香水をおつけになる時、白い服、シルク、毛皮、革製品に直接お使いになると染みが付くおそれがあります。

> 상처가 있는 부위에는 직접 뿌리지 말아 주세요.

傷のある部位には直接おつけにならないでください。

> 향수는 체온이 높고 맥박이 잘 뛰는 곳일수록 향기가 잘 확산됩니다. 그러므로 향수를 손목 또는 귓불에 뿌리시면 됩니다.

香水は体温が高くて、脈拍が速い所ほど、香りがよく拡散されます。ですので香水を手首または耳たぶにおつけになってください。

연습해 봅시다

01 이 향수는 특히 젊은 분이 좋아하는 향입니다.

02 이 향수는 30ml와 50ml, 100ml 3종류가 있습니다.

03 이것보다 더 큰/작은 사이즈도 있습니다.

04 향수를 2병 이상 사시면 10% 할인해드립니다.

05 이 향수는 달콤한 향입니다.

06 이 향수는 다른 향수보다 향이 오래 지속됩니다.

07 이 상품은 여성용/남성용 향수입니다.

08 향수는 바디클렌징과 바디로션을 함께 쓰면 향이 오래 지속됩니다.

09 향수를 사용하신 후에는 병 뚜껑을 꼭 닫아 주세요.

상황 회화 🎧 Track 51

職員 : いらっしゃいませ。化粧品コーナーでございます。何をお探しですか。

お客様 : 香水を一つ買いたいんですが、香りが濃くないものでお願いします。

職員 : お客様、この香りはいかがですか。

ブランドはニナリッチで、特に残り香が仄かでいいです。

ニナリッチの香水は昔からずっと人気のある商品でございます。

お客様 : 試してみてもいいですか。

職員 : はい、もちろんです。私がやります。

お客様 : はい、ありがとう。

職員 : お客様、いかがですか。

お客様 : さすがいい香りですね。いくらですか。

해석

직원 : 어서 오세요. 화장품 코너입니다. 무엇을 찾으세요?

고객 : 향수를 하나 사고 싶은데요, 향기가 진하지 않은 것으로 부탁합니다.

직원 : 고객님, 이 향기는 어떠세요?
브랜드는 니나리치이고, 특히 잔향이 은은하고 좋습니다.
니나리치 향수는 옛날부터 줄곧 인기가 있는 상품입니다.

고객 : 테스트해 봐도 될까요?

직원 : 네, 물론입니다. 제가 해드리겠습니다.

고객 : 네, 고마워요.

직원 : 고객님, 어떠세요?.

고객 : 역시 좋은 향이네요. 얼마예요?

職員 ：サイズによってお値段が違います。サイズは30mlと50ml、100mlの3種類があります。30mlは30ドル、50mlは48ドル、100mlは80ドルでございます。

お客様 ：じゃあ、30mlを2本ください。

職員 ：でしたら、30ml2本セットの商品が50ドルですので、それがもっとお買い得です。それをおすすめいたします。

お客様 ：それを2セットください。

職員 ：はい、かしこまりました。ありがとうございます。それ以外に必要な物はありませんか。

お客様 ：時計が買いたいんですけど。

職員 ：コーナーが違いますので、ここでお会計をなされた後、時計売り場へいらっしゃってください。

お客様 ：じゃあ、とりあえず、これだけお願いします。

職員 ：はい、ありがとうございます。

해석

직원: 사이즈에 따라 가격이 다릅니다. 사이즈는 30ml와 50ml, 100ml 3종류가 있습니다. 30ml는 30달러이고 50ml는 48달러이며, 100ml는 80달러입니다.

고객: 그럼, 30ml를 2병 주세요.

직원: 그러면 30ml 2병 세트 상품이 50달러이기 때문에 그것이 훨씬 저렴합니다. 그것을 추천해드립니다.

고객: 그것을 2세트 주세요.

직원: 예, 알겠습니다. 감사합니다. 그 밖에 필요한 것은 없으신가요?

고객: 시계를 사고 싶은데요.

직원: 코너가 다르기 때문에 여기서 계산하신 후에 시계 매장으로 가주세요.

고객: 그럼, 우선 이것만 계산해주세요.

직원: 예, 감사합니다.

  Track 52

향수	香^{こう}水^{すい}	바디로션	ボディーローション
향, 향기	香^{かお}り	미니어처	ミニチュア
달다, 달콤하다	甘^{あま}い	좋아하다	好^{この}む
시원하다	涼^{すず}しい	병	瓶^{びん}
진하다, 짙다	濃^こい	뚜껑을 닫다	蓋^{ふた}を閉^とじる
연하다, 옅다	薄^{うす}い	실크	シルク
여름에 어울리다	夏^{なつ}に似^に合^あう	모피	毛^け皮^{がわ}
겨울에 어울리다	冬^{ふゆ}に似^に合^あう	가죽 제품	革^{かわ}製^{せい}品^{ひん}
은은하다	仄^{ほの}かだ	얼룩지다	染^しみが付^つく
오드 퍼퓸	オーデパヒューム	상처	傷^{きず}
오드 뚜왈렛	オーデトワレ	부위	部^ぶ位^い
선택하다, 택하다	選^{えら}ぶ	체온	体^{たいおん}温
지속	持^{じぞく}続	높다	高^{たか}い
지속성	持^{じぞくせい}続性	맥박	脈^{みゃくはく}拍
차, 차이	差^さ	빠르다	速^{はや}い
바디클렌징	ボディークレンジング	확산	拡^{かくさん}散

손목	手首(てくび)	권하다, 권장하다	すすめる
귓볼	耳(みみ)たぶ	시계	時計(とけい)
줄곧	ずっと	매장	売(う)り場(ば)

2 부티크 코너 – 가방 및 지갑

기본 문형 🎵 Track 53

> 이 가방은 검정색 이외에 빨강색, 파랑색, 갈색, 보라색이 있습니다.

このカバンは黒以外に赤、青、茶色、紫色がございます。

> 이 가방은 S, M, L 3종류의 사이즈가 있습니다.

こちらのカバンはスモール、ミディアム、ラージの3種類のサイズがあります。

> 가방의 종류는 여러 가지가 있습니다. 핸드백, 숄더백, 크로스백, 토트백, 보스톤백, 클러치백, 쇼퍼백 등이 있습니다.

カバンの種類は色々ございます。ハンドバッグ、ショルダーバッグ、クロスバッグ、トートバッグ、ボストンバッグ、クラッチバッグ、リュックサック、ショッパーバッグなどがあります。

> 이 상품은 양가죽이기 때문에 부드럽고 가볍지만 스크래치가 나기 쉽습니다.

この商品はシープスキンなので柔らかくて軽いですが、傷つきやすいです。

> 가죽에는 소가죽, 양가죽, 돼지가죽, 뱀가죽, 악어가죽, 타조가죽 등이 있습니다.

革には牛革、シープスキン、豚革、蛇皮、ワニ皮、オストリッチなどがあります。

> 이 상품은 코팅 처리와 엠보싱 처리가 되어 있어서 흠집이 잘 나지 않습니다.

この商品はコーティング処理とエンボッシング処理がされていますので、傷つきにくいです。

> 이 가방은 끈 조절이 가능합니다.

こちらのカバンは紐の調節ができます。

> 이 가방은 이태리제입니다.

こちらのカバンはイタリア製でございます。

> 이 가방은 가죽이 아니라 천으로 만들어졌기 때문에 가볍고 들기 편합니다.

こちらのカバンは革ではなく布で作られたので、軽くて持ちやすいです。

> 이 가방의 브랜드는 구찌(Gucci)이고 가죽은 돼지가죽입니다.

このカバンのブランドはグッチで、革はピッグスキンです。

> 이 가방은 계절에 상관없이 사용할 수 있어서 실용적입니다.

このカバンは季節に関係なく使えますので、実用的です。

> 이 가방은 유행에 그다지 좌우되지 않습니다.

このカバンは流行にあまり左右されません。

> 루이비통(Louis Vuitton) 가방은 프랑스제로 세계적으로도 유명한 브랜드입니다.

ルイヴィトンのカバンはフランス製で、世界的にも有名なブランドです。

> 이 가방은 소가죽이고 감촉이 매우 부드럽습니다.

こちらのカバンは牛革で、手触りがとても柔らかいです。

> 이 가방의 소재는 자카르이고, 연령에 관계없이 인기가 있습니다.

このカバンの素材はジャカードで、年齢に関係なく人気があります。

 부티크 코너 - 가방 및 지갑

지갑의 종류에는 장지갑, 반지갑, 동전지갑 등이 있습니다.
財布の種類には長財布、半財布、小銭入れなどがあります。

이 지갑은 특히 동전지갑이 달려있어 사용하기 편합니다.
この財布は特に小銭入れが付いていて、使いやすいです。

이 지갑은 요즘 가장 인기 있는 상품입니다.
この財布は近ごろいちばん人気のある商品です。

이 스타일로 다른 브랜드도 있습니다.
このスタイルで他のブランドもあります。

이것은 인조가죽이기 때문에 가격도 싸고 가볍습니다.
これは合成皮革なので、お値段も安くて軽いです。

올해 유행하는 스타일이고, 최고 인기 있는 상품입니다.
今年、流行りのスタイルで、最高に人気のある商品です。

양가죽은 소가죽보다 좀 더 부드럽습니다.
シープスキンは牛革よりもっと柔らかいです。

가죽제품은 가죽크림을 바른 후에 부드러운 헝겊으로 얼룩진 부분을 닦아주세요.
革製品は革クリームを塗ってから柔らかい布でしみの部分を拭いてください。

특별히 찾으시는 사이즈나 스타일은 있으세요?
特別にお探しのサイズやスタイルはありますか。

이 지갑은 합성피혁이기 때문에 가격도 적당하고 튼튼합니다.
この財布は合成皮革なので、お値段もお手頃で丈夫です。

> 이 상품은 다른 상품보다 품질이 뛰어납니다.

この商品は他の商品より品質が優れております。

> 이것은 남성용 지갑이고, 저것은 여성용 지갑입니다.

こちらは男性用の財布で、あちらは女性用の財布です。

> 이것은 여성용 반지갑으로 동전지갑이 달려있는 스타일입니다.

こちらは女性用の半財布で、小銭入れが付いているスタイルです。

> 명함지갑의 종류에는 2가지가 있는데 명함과 신분증을 넣는 스타일과, 명함과 카드를 넣는 스타일이 있습니다.

名刺入れの種類には2つありますが、名刺と身分証明書を入れるスタイルと、名刺とカードを入れるスタイルがあります。

> 이 지갑은 가방과 세트로 더욱 좋습니다.

この財布はカバンとお揃いで、さらにいいです。

연습해 봅시다

01 이 가방은 S, M, L 세 종류의 사이즈가 있습니다.

02 이 상품은 양가죽이기 때문에 부드럽고 가볍지만 스크래치가 나기 쉽습니다.

03 가죽에는 소가죽, 양가죽, 돼지가죽, 뱀가죽, 악어가죽, 타조가죽 등이 있습니다.

04 이 가방은 끈 조절이 가능합니다.

05 이 가방은 가죽이 아니라 천으로 만들어졌기 때문에 가볍고 들기 편합니다.

06 이 가방은 계절에 상관없이 사용할 수 있어서 실용적입니다.

07 이 가방은 유행에 그다지 좌우되지 않습니다.

08 루이비통 가방은 프랑스제로 세계적으로도 유명한 브랜드입니다.

09　지갑의 종류에는 장지갑, 반지갑, 동전지갑 등이 있습니다.

10　이 지갑은 특히 동전지갑이 달려있어 사용하기 편합니다.

11　이 스타일로 다른 브랜드도 있습니다.

12　이것은 인조가죽이기 때문에 가격도 싸고 가볍습니다.

13　올해 유행하는 스타일이고, 최고 인기 있는 상품입니다.

14　양가죽은 소가죽보다 좀 더 부드럽습니다.

15　이것은 남성용 지갑이고, 저것은 여성용 지갑입니다.

상황 회화 Track 54

가방 코너

職員　　：いらっしゃいませ。カバンコーナーでございます。何をお探しですか。

お客様　：カバンが欲しいですけど、何かいい物ありませんか。

職員　　：ご自分で使われますか。

お客様　：はい、そうです。

職員　　：こちらのミニバッグはいかがですか。今年、流行しているスタイルでございます。

　　　　　特にミニバッグは紐の調節ができますので、ハンドバックまたはクロスバッグで活用されるスタイルでございます。

　　　　　お値段も450ドルで、そんなに高くないです。

お客様　：あっ、そうですか。かわいいですね。そしたら色は何色がありますか。

職員　　：色は黒、ブラウン、青色、グレー、紺色などがあります。

　　　　　その中で今年もっとも注目されるのはグレーです。

해석

점원 : 어서 오세요. 가방 코너입니다. 무엇을 찾으십니까?

고객 : 가방을 사고 싶은데요. 뭔가 좋은 물건 없을까요?

점원 : 본인 건가요?

고객 : 네 그렇습니다.

점원 : 이쪽에 있는 미니백은 어떠세요? 올해 유행하는 스타일입니다.
특히 미니백은 끈 조절이 가능해서 핸드백 또는 크로스백으로 활용할 수 있는 스타일입니다.
가격도 450달러로 그렇게 비싸지 않습니다.

고객 : 아아, 그렇습니까? 귀엽네요. 그러면 색상은 무슨 색이 있나요?

점원 : 색상은 검정색, 브라운, 파란색, 회색, 감색 등이 있습니다.
그중 올해 가장 주목받는 색상은 회색입니다.

お客様 ： そうですね。しかしグレーは他の色と合わせにくくありませんか。

職員 ： ええ、ちょっとそうかもしれません。でしたら、黒はいかがですか。黒はいちばん無難で、よく売れる色です。黒は飽きにくい色ですので、長く使えます。お客様は何色がお好きですか。

お客様 ： 黒の方がいいです。材質は何ですか。

職員 ： このバッグは牛革ですので、とても丈夫ですよ。

お客様 ： じゃあ、黒にします。

職員 ： ありがとうございます。

해석

고객 : 그렇군요. 그러나 회색은 다른 색과 맞추기 어렵지 않나요?

직원 : 예, 좀 그럴지도 모릅니다. 그럼 검정색은 어떠신가요? 검정색이 가장 무난해서 잘 팔리는 색상입니다. 검정색은 질리지 않는 색이어서 오래 사용할 수 있습니다. 고객님은 무슨 색이 마음에 드십니까?

고객 : 검정색이 좋습니다. 재질은 무엇인가요?

직원 : 이 가방은 소가죽이어서 아주 튼튼합니다.

고객 : 그럼, 검정색으로 하겠습니다.

직원 : 감사합니다.

가방	カバン, バッグ	돼지가죽	豚皮(ぶたがわ), ピッグスキン
S	スモール	뱀가죽	蛇皮(へびがわ)
M	ミディアム	악어가죽	ワニ皮(がわ)
L	ラージ	타조가죽	オストリッチ
핸드백 (handbag)	ハンドバッグ	코팅 처리	コーティング処理(しょり)
숄더백 (shoulder bag)	ショルダーバッグ	엠보싱 처리	エンボッシング処理(しょり)
크로스백 (cross bag)	クロスバッグ	끈	紐(ひも)
토트백 (tote bag)	トートバッグ	천	布(ぬの)
보스턴백 (Boston bag)	ボストンバッグ	계절	季節(きせつ)
클러치백 (clutch bag)	クラッチバッグ	실용적	実用的(じつようてき)
백팩 (Rucksack)	リュックサック	좌우	左右(さゆう)
쇼퍼백 (shopper bag)	ショッパーバッグ	세계적	世界的(せかいてき)
양가죽	シープスキン	유명하다	有名(ゆうめい)だ
부드럽다	柔(やわ)らかい	감촉	手触(てざわ)り
스크래치가 나기 쉽다	傷(きず)つきやすい	소재	素材(そざい)
가죽	革(かわ)	자카르	ジャカード

지갑	財布(さいふ)	명함	名刺(めいし)
장지갑	長財布(ながざいふ)	신분증명서	身分証明書(みぶんしょうめいしょ)
반지갑	半財布(はんざいふ)	벌, 세트	揃(そろ)い
동전지갑	小銭入(こぜにい)れ	미니백	ミニバッグ
스타일	スタイル	활용	活用(かつよう)
인조가죽, 합성피혁	合成皮革(ごうせいひかく)	주목	注目(ちゅうもく)
가죽크림	革(かわ)クリーム	귀엽다	かわいい
적당하다, 적합하다	手頃(てごろ)だ	맞추기 어렵다	合(あ)わせにくい
튼튼하다	丈夫(じょうぶ)だ	무난하다	無難(ぶなん)だ
품질	品質(ひんしつ)	싫증, 물림, 진력남	飽(あ)き
명함지갑	名刺入(めいしい)れ	재질	材質(ざいしつ)

2 부티크 코너 - 구두

기본 문형  Track 56

> 구두 사이즈는 얼마입니까?

靴のサイズはおいくつですか。

> 양쪽 모두 신어보시겠습니까?

両方とも履いて見ましょうか。

> 착화감은 어떠십니까?

履き心地はいかがですか。

> 이 상품은 한 치수 더 큰 사이즈로, 발볼이 가장 넓은 구두입니다.

この商品はもう一つ上のサイズで、足の幅がいちばん広い靴です。

> 소가죽 제품이라 신으면 가죽이 약간 늘어납니다.

牛革の製品ですので履いていると革が小し伸びます。

> 구두는 A/S가 안됩니다.

靴はアフターサービスができません。

> 다시 한 번 신고 걸어보세요.

もう一度履いて歩いて見てください。

> 디자인도 최신 겁니다.

デザインも最新のものです。

> 이 디자인이 고객님에게 잘 어울립니다.

このデザインの方がお客様によくお似合いです。

> 사이즈는 꼭 맞으시네요.

サイズはちょうどいいですね。

> 사이즈는 브랜드마다 약간 다릅니다.

サイズはブランドごとにちょっと違います。

> 지금은 이 사이즈밖에 없습니다.

今の所はこのサイズしかございません。

> 이 디자인은 정장에도 캐주얼에도 잘 어울려서 실용적인 상품입니다.

このデザインはフォーマルウェア(正装)にもカジュアルウェアにもよくお似合いですから実用的な商品です。

> 유명한 브랜드인 페라가모(Ferragamo)와 구찌 상품은 여전히 많은 사람들에게 사랑받고 있습니다.

有名なブランドであるフェラガモとグッチの商品は、相変わらず多くの方から愛されております。

> 나이키(NIKE) 스니커즈(Sneakers)도 있습니다.

ナイキのスニーカーもございます。

TIP 운동화의 일종으로 다리를 덮는 상부를 부드러운 가죽 또는 인공 소재로 덮고, 발바닥은 지면과의 마찰을 최적으로 유지하기 위해 고무를 사용한다.

> 이 구두는 매우 가볍고 끈 조절이 가능한 상품입니다.

この靴は軽くて紐の調節が可能な商品です。

> 조금 끼어 보이네요.

少しきつく見えますね。

TIP

국가별 신발 사이즈

한국	225	230	235	240	245	250	255	260	265	270	275	280
일본	22.5	23	23.5	24	24.5	25	25.5	26	26.5	27	27.5	28
미국	-	5	-	6	-	7	-	8	-	9	-	10
유럽	37~38	38	38~39	39	39~40	40	40~41	41	41~42	42	42~43	43
영국	4	4.5	5	5.5	6	6.5	7	7.5	8	8.5	9	9.5

연습해 봅시다

01 구두 사이즈는 얼마입니까?

02 양쪽 모두 신어보시겠습니까?

03 착화감은 어떠십니까?

04 소가죽 제품이라 신으면 가죽이 약간 늘어납니다.

05 구두는 A/S가 안 됩니다.

06 신고 걸어보세요.

07 이 디자인이 고객님에게 잘 어울립니다.

08 사이즈는 브랜드마다 약간 다릅니다.

상황 회화 🎧 Track 57

職員　：いらっしゃいませ。お客様、お久しぶりですね。お元気ですか。

お客様：おかげさまで元気でした。

職員　：今日はお一人でいらっしゃいましたね。
　　　　何か欲しい物がございますか。

お客様：靴がほしいんですが、おすすめものはありますか。

職員　：ご自分の物ですか。お土産ですか。

お客様：私のです。

職員　：どのようなスタイルがよろしいでしょうか。

お客様：どんな服装にもよく似合う靴を見せてください。

職員　：お客様、これはいかがですか。新商品で、今年もっとも流行のトレンド商品です。
　　　　今、入ったばかりです。それに、デザインも最新のものです。
　　　　お客様によくお似合いのスタイルだと思います。

해석

직원 : 어서 오세요. 고객님, 오래간만이시네요. 잘 지내셨는지요?

고객 : 덕분에 잘 지냈어요.

직원 : 오늘은 혼자 오셨네요? 뭔가 필요하신 것이 있으신가요?

고객 : 구두를 사고 싶은데, 추천할 만한 것은 있나요?

직원 : 본인 거세요? 선물이세요?

고객 : 제 거예요.

직원 : 어떤 스타일이 좋으신가요?

고객 : 어떤 차림에나 잘 어울리는 구두를 보여주세요.

직원 : 고객님, 이것은 어떠세요? 신상품으로서 올해 가장 유행하는 트랜드 상품이에요. 지금 막 들어왔어요. 게다가 디자인도 최신 거예요.
고객님에게 잘 어울리는 스타일이라고 생각되네요.

お客様（きゃくさま）：いいですね。そのスタイルで何色（なにいろ）がありますか。

職員（しょくいん）：黒（くろ）、茶色（ちゃいろ）、白（しろ）があります。

お客様：白（しろ）いのを見（み）せてください。とりあえず、それを履（は）いて見（み）ます。

職員：はい、かしこまりました。サイズはおいくつだったでしょうか。日本（にほん）のサイズで24センチでしたよね。

お客様：はい、そうです。忘（わす）れなかったんですね。

職員：もちろんですよ。これです。履（は）いてみますか。

お客様：はい、履（は）いてみましょう。

職員：いかがですか。

お客様：うん、楽（らく）ですよ。ちょうどいいですね。これはいくらですか。

職員：350ドルでございます。

お客様：では、日本円（にほんえん）でいくらになりますか。

職員：350ドルですから日本円（にほんえん）に直（なお）すと35,600円（えん）になります。

お客様：値段（ねだん）もいいですね。じゃあ、これをください。

職員：毎度（まいど）ありがとうございます。

해석

고객 : 괜찮네요. 그 스타일로 어떤 색이 있나요?

직원 : 검정색, 갈색, 흰색이 있습니다.

고객 : 흰색을 보여주세요. 우선 그것을 신어볼게요.

직원 : 알겠습니다. 사이즈는 어떻게 되었죠? 일본 사이즈로 24센티이시죠?

고객 : 네, 그래요. 잊지 않았군요.

직원 : 물론이지요. 여기 있습니다. 신어보시겠습니까?

고객 : 네, 신어보지요.

직원 : 어떠세요?

고객 : 음, 편하네요. 꼭 맞아요. 이건 얼마예요?

직원 : 350달러입니다.

고객 : 그럼, 일본 엔으로 얼마지요?

직원 : 350달러니까 일본 엔으로 환산하면 35,600엔이 됩니다.

고객 : 가격도 괜찮네요. 그럼, 이걸로 주세요.

직원 : 매번, 감사합니다.

신발, 구두	靴(くつ)	여전히, 변함없이	相変(あいか)わらず
양쪽	両方(りょうほう)	사랑하다	愛(あい)する
신다	履(は)く	스니커즈	スニーカー
착화감	履(は)き心地(ごこち)	가능하다	可能(かのう)だ
발볼	足(あし)の幅(はば)	오래간만	久(ひさ)しぶり
넓다	広(ひろ)い	건강하다	元気(げんき)だ
조금, 좀, 약간	ちょっと	덕분에, 덕택에	おかげさまで
늘어나다	伸(の)びる	복장, 옷차림	服装(ふくそう)
걷다	歩(ある)く	트랜드	トレンド
최신	最新(さいしん)	편안하다, 안락하다	楽(らく)だ
정장	フォーマルウェア(正装(せいそう))	매번	毎度(まいど)
캐주얼	カジュアルウェア		

2 부티크 코너 - 벨트

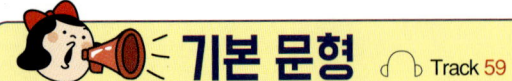

기본 문형 🎧 Track 59

벨트에는 버클을 구멍에 넣는 캐쥬얼한 스타일과 버클을 구멍에 걸리게 해서 사용하는 정장용 스타일 2종류가 있습니다.
ベルトにはバックルを穴に入れるカジュアルなスタイルと、バックルを穴にかけるように使う正装用スタイルの2種類があります。

벨트의 길이는 100~120cm로 버클과 가죽이 분리되어 있어 길이 조절이 가능합니다.
ベルトの長さは100〜120cmで、バックルと革が分離するようになっていて、長さの調節ができます。

면세점에서는 사이즈 조절이 불가능합니다.
免税店ではサイズの調節ができません。

> **TIP**
> 교환 또는 환불하는 경우도 발생하기 때문에 면세점에서는 사이즈 조절은 불가능하고 구매 후 고객이 직접 조절해야 한다.

이 벨트는 리버시블(reversible : 양면겸용)입니다.
このベルトはリバーシブルで使える商品でございます。

벨트의 버클과 가죽만은 구매할 수 없습니다.
ベルトのバックルと革だけは買えません。

이 버클은 18K/은/백금 도금입니다.
このバックルは18K/銀/プラチナ鍍金でございます。

이 벨트는 정장에 잘 어울립니다.
このベルトはフォーマルウェア(正装)によくお似合いです。

이것은 캐주얼한 복장에 잘 어울리는 벨트입니다.
これはカジュアルな服装によくお似合いのベルトです。

이 벨트는 어떤 복장에도 잘 어울립니다.
このベルトはどんな服装にもよくお似合いです。

> 벨트 색깔은 검정색과 갈색 2가지가 있습니다.

ベルトの色は黒と茶色の2種類があります。

> 버클의 색상은 주로 은색 계열이 많은데, 나이에 관계없이 무난하게 착용하실 수 있습니다.

バックルの色は主にシルバー系が多くて、お年に関係なく無難に締められます。

> 금색 계열은 대부분 나이 드신 분들이 좋아하십니다.

ゴールド系はたいていお年寄りの方に好まれています。

> 벨트의 가격은 싼 것부터 비싼 것까지 다양한 상품이 구비되어 있습니다.

ベルトのお値段は安い物から高い物まで、さまざまな物が揃っております。

연습해 봅시다

01 면세점에서는 사이즈 조절이 불가능합니다.

02 이 벨트는 리버시블입니다.

03 벨트의 버클과 가죽만은 구매할 수 없습니다.

04 이 버클은 18K/은/백금 도금입니다.

05 이 벨트는 정장에 잘 어울립니다.

06 이것은 캐주얼한 복장에 잘 어울리는 벨트입니다.

07 이 벨트는 어떤 복장에도 잘 어울립니다.

상황 회화 🎧 Track 60

職員　　：こんにちは。いらっしゃいませ。ベルトコーナーでございます。

お客様　：こんにちは。ベルトを買いたいんですが。

職員　　：ご自分の物ですか。お土産ですか。

お客様　：私のです。

職員　　：ベルトにはバックルを穴に入れるカジュアルなスタイルと、バックルを穴にかけるように使う正装用スタイルの2種類があります。どちらの方がいいですか。

お客様　：カジュアルなスタイルがいいです。一度ベルトを締めてみてもいいですか。

職員　　：もちろんです。これはカジュアルな服装によくお似合うベルトです。

　　　　　特に、このベルトはリバーシブルでございます。

　　　　　お客様によくお似合いですね。

お客様　：ええ、そうですね。では、サイズの調節はできますか。

해석

직원 : 안녕하세요. 어서 오십시오. 벨트 코너입니다.

고객 : 안녕하세요. 벨트를 사고 싶은데요.

직원 : 본인 건가요? 선물인가요?

고객 : 제 거예요.

직원 : 벨트에는 버클을 구멍에 넣는 캐주얼한 스타일과 버클을 구멍에 걸리게 해서 사용하는 정장용 스타일 2종류가 있습니다. 어느 쪽이 좋습니까?

고객 : 캐주얼한 스타일이 좋아요. 한번 벨트를 매 봐도 되나요?

직원 : 물론입니다. 이것은 캐주얼한 복장에 잘 어울리는 벨트입니다.
특히 이 벨트는 리버시블입니다.
고객님에게 잘 어울리시네요.

고객 : 네, 그렇군요. 그럼, 사이즈 조절은 가능한가요?

職員 ：ベルトの長さは100〜120cmで、バックルと革が分離するようになっていて、長さの調節ができます。

しかし申し訳ございませんが、ここではサイズの調節ができません。

お客様：はい、わかりました。もしかしたらベルトの革だけは買えませんか。

職員 ：すみませんが、それはできません。

お客様：そうですね。では、何色がありますか。

職員 ：色は黒と茶色の2種類がありますが、どちらの方がいいですか。

お客様：やっぱり黒が無難だから黒にします。

職員 ：かしこまりました。ありがとうございます。

해석

직원: 벨트의 길이는 100~120cm로, 버클과 가죽이 분리되어 있어 길이 조절이 가능합니다. 그러나 죄송합니다만, 여기서는 사이즈 조절이 불가능합니다.

고객: 네, 알겠습니다. 혹시 벨트의 가죽만은 구매할 수 없나요?

직원: 죄송합니다만, 그것은 불가능합니다.

고객: 그렇군요. 그럼, 무슨 색이 있나요?

직원: 색깔은 검정색과 갈색 2가지가 있습니다만, 어느 쪽이 좋습니까?

고객: 역시 검정색이 무난하니까, 검정색으로 하겠습니다.

직원: 알겠습니다. 감사합니다.

단어장

벨트	ベルト
버클	バックル
구멍에 넣다	穴に入れる
캐주얼한 스타일	カジュアルなスタイル
구멍에 걸다	穴にかける
정장용 스타일	正装用スタイル
분리	分離
길이	長さ
리버시블, 양면 겸용	リバーシブル
18K	18K
은	銀
백금	プラチナ
도금	鍍金・メッキ

주로	主に
은색 계열	シルバー系
나이에 관계없이	お年に関係なく
무난하게	無難に
벨트를 매다	ベルトを締める
금색 계열	ゴールド系
대부분	たいてい
좋아하다	好む
여러 가지	さまざま
갖추어지다, 구비되다	揃う
좋다	いい
역시	やっぱり

2. 부티크 코너 - 의류

기본 문형  Track 62

> 선물 받으실 분의 연령/체격은 어느 정도 입니까?

お土産を受け取られる方の年齢/体格はどのくらいですか。

> 자녀분은 몇 살입니까? 남자아이인가요? 아니면 여자아이인가요?

お子さんはおいくつですか。男の子ですか。それとも、女の子ですか。

> 브랜드마다 표시가 다릅니다.

ブランドごとに表示が違います。

> 옷 사이즈는 36부터 44까지입니다.

服のサイズは36から44までございます。

> 이쪽은 AW/SS상품입니다.

こちらはAW/SSの商品でございます。

> 이 사이즈는 품절되었습니다.

このサイズは品切れになりました。

> 창고에 있는지 없는지 확인해보겠습니다.

倉庫にあるかどうか確認いたします。

> 일단 입어보시겠습니까?

いちおう試着してみましょうか。

> 이 상품은 손빨래가 아니라 반드시 드라이클리닝해야만 됩니다.

この商品は手洗いではなく、必ずドライクリーニングしなければなりません。

> 이 옷은 물세탁이 가능합니다.

こちらの服は水洗いができます。

> 티셔츠는 입어보실 수 없습니다.

Tシャツは試着できません。

> 이 블라우스는 100% 실크입니다.

このブラウスは100％シルクでございます。

> 이 바지의 소재는 면입니다.

このズボンの素材は綿でございます。

> 이 치마는 100% 면이기 때문에 촉감이 매우 부드럽습니다.

このスカートは100％綿なので肌触りがとても柔らかいです。

> 다른 디자인/색도 보여드릴까요?

他のデザイン/色もお見せしましょうか。

> 이 스웨터의 소재는 캐시미어(cashmere)입니다.

このセーターの素材はカシミアでございます。

> 이 상품의 소재는 울(wool)이기 때문에 매우 가볍고 따뜻합니다.

この商品の素材はウールなので、とても軽くて温かいです。

> 여러 가지 색상을 구비하고 있습니다.

いろいろな色を揃っております。

> 이 상품이 가장 작은/큰 사이즈입니다.

この商品がいちばん小さい/大きいサイズでございます。

> 이 셔츠에는 이 색상/모양/디자인이 어울린다고 생각합니다.

このシャツにはこちらの色/形/デザインがお似合いだと思います。

 # 부티크 코너 - 의류

입어보실 때에는 페이스커버를 반드시 이용해주십시오.
試着する時にはフェースカバーを必ずご利用ください。

허리 사이즈는 어떻게 됩니까?
ウェストのサイズはどのくらいですか。

이 상품은 젊은 여성들에게 인기가 있으며, 올 여름에 유행하는 디자인입니다.
こちらの商品はお若い女性に人気があり、この夏流行のデザインでございます。

이 옷의 소재는 면과 폴리에스테르 혼방입니다.
この服の素材は綿とポリエステルの混紡です。

고객님, 어떠세요? 좀 끼어 보이네요. 좀 더 큰 것으로 입어보시겠습니까?
お客様、いかがですか。少しきつく見えますね。もっと大きいのをご試着されますか。

이 재킷은 고객님에게 약간 큰 것 같습니다.
こちらのジャケットはお客様に少し大きそうです。

이 타입의 재킷에는 이런 무늬가 좋다고 생각합니다.
このタイプのジャケットにはこんな模様がよろしいと思います。

이 옷은 올 시즌 상품으로 베스트 세일즈 아이템입니다.
こちらの服は今年のシーズン商品で、ベストセールスアイテムでございます。

이 정장에 스카프를 두르시면 더욱 멋집니다.
このフォーマルな服にスカーフを巻いたらもっと素敵です。

이 바지는 보온성과 방수성이 뛰어나며 가볍고 따뜻합니다.
このズボンは保温性と防水性が優れており、軽くて温かいです。

> 디자인이 심플하면서 세련된 옷입니다.

デザインがシンプルでありながら洗練された服です。

> 고객님한테는 약간 긴 것 같네요.

お客様には少し長すぎますね。

> 이 옷은 촉감도 매우 부드럽고 신축성이 뛰어나서 착용감이 좋습니다.

こちらの服は肌触りがとても柔らかくて、伸縮性が優れて着心地がいいです。

> 이 옷은 버버리(Burberry)의 전형적인 디자인으로 매년 유행하고 있습니다.

こちらの服はバーバリーの典型的なデザインで、毎年流行しております。

> 이 옷은 100% 면으로 땀 흡수가 잘 됩니다.

この服は100%綿で、汗をよく吸収します。

> 최근, 유행하고 있는 상하세트는 어떻습니까?

最近、流行している上下のセットはいかがですか。

> 이쪽에 선물용으로 좋은 아동복이 있습니다.

こちらにお土産としていい子供服がございます。

TIP

국가별 의류 사이즈

	여성용					
한국	85	90	95	100	105	110
일본	44 S	55 M	66 L	77 LL	88 3L	99 4L
미국	7 32	9 34	11 36	13 38	15 40	17 42
영국	8	10	12	14	16	18
프랑스	36	38	40	42	44	46
이탈리아	40	42	44	46	48	50

	남성용					
한국	85	-	90	95	-	100	105
일본	S	-	M	L	-	LL/XL	-
미국/영국	14	14 1/2	15	15 1/2	16	16 1/2	17 1/2
이탈리아	36	37	38	40	41	42	44

연습해 봅시다

01 선물 받으실 분의 연령/체격은 어느 정도입니까?

02 브랜드마다 표시가 다릅니다.

03 이 옷은 물세탁이 가능합니다.

04 티셔츠는 입어보실 수 없습니다.

05 이 블라우스는 100% 실크입니다.

06 이 바지의 소재는 면입니다.

07 이 스웨터의 소재는 캐시미어입니다.

08 이 셔츠에는 이 색상/모양/디자인이 어울린다고 생각합니다.

① 의류 코너 [색상1] 🎧 Track 63

職員 : お客様、色とサイズはいかがですか。

お客様 : サイズはちょうどいいですが、この色は私に似合わないと思いますね。どうですか。

職員 : 私はその色がお客様の肌によくお似合いだと思います。

お客様 : そうですか。では、このズボンに合うTシャツも推薦してもらえますか。

職員 : はい、かしこまりました。

해석

직원 : 고객님, 색상과 사이즈는 어떠십니까?

고객 : 사이즈는 딱 좋은데 이 색상은 저한테 안 맞는 것 같은데요. 어때요?

직원 : 저는 그 색상이 고객님 피부에 잘 어울린다고 생각합니다.

고객 : 그래요? 그럼, 이 바지에 맞는 티셔츠도 추천 해주시겠어요?

직원 : 예, 알겠습니다.

② 의류 코너 [색상2] 🎧 Track 64

職員　　：お客様、どんな色がお好きですか。

お客様　：ベージュ系統が好きですが。

職員　　：すみませんが、ベージュはただいま品切れになりました。
　　　　　この色はいかがですか。

お客様　：ちょっと派手すぎますね。これよりもっと地味な色はないんですか。

職員　　：もちろんございます。このブラウンはいかがですか。

お客様　：その色はいいですね。それにします。

職員　　：どうも、ありがとうございます。これでよろしいですか。
　　　　　他に要る物はありませんか。

お客様　：今日はこれでけっこうです。

職員　　：はい、かしこまりました。お会計はこちらへどうぞ。

해석

직원 : 고객님, 어떤 색상을 좋아하십니까?

고객 : 베이지 계통을 좋아합니다만.

직원 : 죄송한데요, 베이지는 방금 품절되었습니다. 이 색상은 어떠세요?

고객 : 좀 화려하네요. 이것보다 좀 더 수수한 색상은 없나요?

직원 : 물론 있습니다. 이 브라운 색상은 어떠세요?

고객 : 그 색상은 좋네요. 그걸로 하겠습니다.

직원 : 대단히 감사합니다. 이걸로 좋습니까? 그 밖에 필요한 것은 없으십니까?

고객 : 오늘은 이걸로 됐습니다.

직원 : 예, 알겠습니다. 계산은 이쪽으로 오세요.

③ 의류 코너 [소재 및 세탁방법1] 🎧 Track 65

職員　　：こんにちは。いらっしゃいませ。どんな商品をお探しですか。

お客様　：スカートを探していますが。

職員　　：ご自分の物ですか。それとも、お土産ですか。

お客様　：私のです。

職員　　：こちらへどうぞ。種類は綿とポリエステルがございますが、どちらの素材がよろしいでしょうか。

お客様　：肌触りが柔らかい方がいいでしょう。

職員　　：では、綿の方がよろしいと思います。

お客様　：そうですね。どちらの方が汗の吸収力がいいですか。

職員　　：これです。これは100%綿ですので、ポリエステルより汗の吸収力がいいですよ。

해석

직원 : 안녕하세요. 어서 오세요. 어떤 상품을 찾으세요?

고객 : 스커트를 찾고 있는데요.

직원 : 본인 겁니까? 아니면 선물용입니까?

고객 : 제 거예요.

직원 : 이쪽으로 오세요. 종류는 면과 폴리에스테르가 있는데 어느 쪽 소재가 좋으신지요?

고객 : 촉감이 부드러운 것이 좋겠지요?

직원 : 그럼, 면 쪽이 좋겠네요.

고객 : 그렇군요. 어느 쪽이 땀 흡수력이 좋습니까?

직원 : 이거예요. 이것은 100% 면이기 때문에 폴리에스테르보다 땀 흡수력이 좋습니다.

お客様　： クリーニングはどうすればいいですか。

職員　　： 両方とも水洗いはできます。

お客様　： はい、わかりました。では、綿の方を着てみたいです。

職員　　： はい、かしこまりました。サイズはおいくつですか。スモールサイズでよろしいかと思いますが。

お客様　： はい、そうです。とりあえず、そのサイズを着てみます。

職員　　： はい、これがスモールサイズです。
　　　　　お客様、試着室はあちらです。こちらへどうぞ。

해석

고객 : 세탁은 어떻게 하면 되나요?

직원 : 양쪽 모두 물세탁은 가능합니다.

고객 : 알겠습니다. 그럼, 면 쪽을 입어보고 싶어요.

직원 : 예, 알겠습니다. 사이즈는 어떻게 되시나요?
　　　S사이즈가 맞으실 것 같은데요.

고객 : 네, 맞아요. 그 사이즈를 우선 입어볼게요.

직원 : 예, 이게 S사이즈예요.
　　　고객님, 탈의실은 저쪽입니다. 이쪽으로 오세요.

④ 의류 코너 [세탁방법2] 🎧 Track 66

お客様　：このセーターは縮みを防ぐためにどうしたらいいでしょうか。

職員　　：このセーターの素材は100%カシミアですので、必ず手洗いではなく、ドライクリーニングしなければなりません。

お客様　：そうですね。このブラウスはどうしたら色落ちを防げますか。

職員　　：冷たい水でお洗いになればよろしいです。

　　　　　そしてこのブラウスは必ずかげぼしをなさってください。

お客様　：わかりました。このセーターを試着してもいいですか。

職員　　：試着する時にはフェースカバーを必ずご利用ください。

お客様　：はい、わかりました。試着室はどこですか。

職員　　：試着室はあちらにあります。こちらへどうぞ。

해석

고객 : 이 스웨터는 수축을 방지하기 위해서 어떻게 하면 좋은가요?

직원 : 이 스웨터의 소재는 100% 캐시미어이기 때문에 손빨래가 아니라 반드시 드라이클리닝 하셔야만 합니다.

고객 : 그렇군요. 이 블라우스는 어떻게 하면 탈색을 방지할 수 있나요?

직원 : 찬물로 세탁하시면 됩니다.
그리고 이 블라우스는 반드시 그늘에서 말려 주세요.

고객 : 알겠습니다. 이 스웨터를 입어봐도 될까요?

직원 : 입어보실 때에는 페이스커버를 반드시 이용해주십시오.

고객 : 네, 알겠습니다. 탈의실은 어디인가요?

직원 : 탈의실은 저쪽에 있습니다. 이쪽으로 오세요.

⑤ 의류 코너 [사이즈] 🎧 Track 67

職員　　：サイズはいかがですか。

お客様　：ちょっときつすぎますね。他のサイズを着てみてもいいですか。
　　　　　一つ上のサイズを見せてください。

職員　　：そうですね。お客様には少し小さすぎると思いますね。
　　　　　しかし、すみませんが、ミディアムサイズは倉庫にあります。
　　　　　少々お待ちくださいませ。すぐに倉庫からお持ちします。

お客様　：はい、わかりました。ありがとう。

職員　　：お客様、お待たせいたしました。
　　　　　これがミディアムサイズでございます。ご試着してください。

お客様　：はい、どうも。

職員　　：いかがですか。

お客様　：サイズはちょうどいいですね。じゃあ、これにします。

해석

직원 : 사이즈는 어떠세요?

고객 : 조금 끼는데요. 다른 사이즈를 입어 봐도 될까요? 하나 위의 사이즈를 보여주세요.

직원 : 그렇네요. 고객님한테는 약간 작다고 생각됩니다.
그러나, 죄송한데요. M사이즈는 창고에 있습니다.
잠시만 기다려 주십시오. 빨리 창고에서 가져오겠습니다.

고객 : 네, 알겠습니다. 고마워요.

직원 : 고객님, 오래 기다리셨습니다.
이게 M사이즈입니다. 입어보세요.

고객 : 네, 고마워요.

직원 : 어떠세요?

고객 : 사이즈는 꼭 맞네요. 그럼, 이걸로 할게요.

Track 68

체격	体格(たいかく)	따뜻하다	温(あたた)かい
자녀분	お子(こ)さん	모양, 형태	形(かたち)
남자아이	男(おとこ)の子(こ)	생각하다	思(おも)う
여자아이	女(おんな)の子(こ)	페이스커버	フェースカバー
표시	表示(ひょうじ)	이용	利用(りよう)
창고	倉庫(そうこ)	허리	ウェスト
입어보다	試着(しちゃく)する	올 여름	この夏(なつ)
손빨래	手洗(てあら)い	디자인	デザイン
드라이클리닝	ドライクリーニング	폴리에스테르	ポリエステル
물세탁	水洗(みずあら)い	혼방	混紡(こんぼう)
셔츠	シャツ	꼭끼다	きつい
블라우스	ブラウス	재킷	ジャケット
바지	ズボン	무늬	模様(もよう)
면	綿(めん)	베스트 세일즈	ベストセールス
치마	スカート	아이템	アイテム
스웨터	セーター	스카프를 두르다	スカーフを巻(ま)く
캐시미어	カシミア	멋지다, 근사하다	素敵(すてき)だ
울	ウール	보온성	保温性(ほおんせい)

방수성	防水性(ぼうすいせい)	계통	系統(けいとう)
단순하다, 심플하다	シンプルだ	방금, 지금 막	ただいま
세련	洗練(せんれん)	화려하다	派手(はで)だ
지나치게 길다	長(なが)すぎる	수수하다	地味(じみ)だ
신축성	伸縮性(しんしゅくせい)	세탁	クリーニング
착용감	着心地(きごこち)	탈의실	試着室(しちゃくしつ)
전형적	典型的(てんけいてき)	수축	縮(ちぢ)み
매년	毎年(まいとし)	막다, 방지하다	防(ふせ)ぐ
땀 흡수	汗(あせ)の吸収(きゅうしゅう)	탈색, 색이 빠짐	色落(いろお)ち
상하	上下(じょうげ)	찬물	冷(つめ)たい水(みず)
아동복	子供服(こどもふく)	그늘에서 말림	かげぼし
추천	推薦(すいせん)		

2 부티크 코너 - 넥타이

기본 문형 Track 69

특별히 찾으시는 브랜드는 있으신가요?
特にお探しのブランドはございませんか。

넥타이는 100% 실크입니다.
ネクタイは100％シルクでございます。

이 상품은 4가지 색상이 있습니다.
この商品は4種類のカラーがございます。

특별히 좋아하시는 색상이 있으세요?
特にお好きなカラーはございませんか。

고객님에게는 이 넥타이가 잘 어울립니다.
お客様にはこのネクタイがよくお似合いです。

이 상품은 디자인이 세련된 넥타이입니다.
この商品はデザインがおしゃれなネクタイです。

넥타이를 가슴에 대어 보십시오.
ネクタイを胸に当ててみてください。

이 상품은 고급스러운 느낌의 넥타이입니다.
この商品は高級感のあるネクタイです。

요즘 가장 무난해서 잘 팔리는 넥타이입니다.
近ごろいちばん無難で、よく売れているネクタイでございます。

이 넥타이는 수수하기 때문에 어떤 옷에도 잘 어울립니다.
このネクタイは地味なので、どんな服にもよく似合います。

이 넥타이를 매시면 더 젊어 보이십니다.
このネクタイを締めたら、もっとお若く見えますね。

이 넥타이는 파란색 와이셔츠와 잘 어울립니다.
このネクタイは青いワイシャツとよく似合います。

넥타이의 소재는 거의 실크이며 울(wool) 또는 면도 있습니다.
ネクタイの素材はほとんどシルクで、ウールあるいは綿もあります。

이 넥타이는 계절에 상관없이 맬 수 있는 소재입니다.
このネクタイは季節に関係なく締められる素材でございます。

이것은 여름용/겨울용 넥타이입니다.
こちらは夏向/冬向のネクタイでございます。

넥타이의 무늬는 체격에 따라 달라집니다.
ネクタイの柄は体格によって違います。

키가 크고 체격이 좋은 분에게는 큰무늬가 어울리시고, 키가 작고 마른분에게는 작은 무늬가 어울리십니다.
背が高くて体格がいい方には大きな柄がお似合いですし、背が低くてやせた方には小さな柄がお似合いです。

프랑스 브랜드인 구찌 넥타이는 어떠신가요?
フランスのブランドであるグッチのネクタイはいかがですか。

넥타이는 대부분 프린트(print)로 되어 있으며 자카르(Jacquard) 제품도 있습니다.
ネクタイはほとんどプリントされており、ジャカードの製品もございます。

연습해 봅시다

01 특별히 찾으시는 브랜드는 있으신가요?

02 넥타이는 100% 실크입니다.

03 특별히 좋아하시는 색상이 있으세요?

04 이 상품은 디자인이 세련된 넥타이입니다.

05 이 넥타이는 파란색 와이셔츠와 잘 어울립니다.

06 넥타이의 소재는 거의 실크이며 울(wool) 또는 면도 있습니다.

07 이 넥타이는 계절에 상관없이 맬 수 있는 소재입니다.

상황 회화 Track 70

職員 ： こんばんは。いらっしゃいませ。
　　　　お客様、手軽なお土産としてネクタイはいかがですか。

お客様 ： こんばんは。このスーツに似合うネクタイを選んでくれませんか。

職員 ： はい、かしこまりました。黒のスーツなのでエンジ系のネクタイがお似合いだと思いますが、こちらはいかがですか。

お客様 ： 夏物ですか。

職員 ： いいえ、素材が100%綿ですので、季節に関係なく締められます。

お客様 ： 幅が少し狭くありませんか。

職員 ： お客様はやせた感じの体格なので、幅が少し狭いのがよくお似合いだと思います。

お客様 ： 本当ですか。では、それにします。

해석

직원 : 안녕하세요. 어서 오세요.
고객님, 간단한 선물로 넥타이는 어떠세요?

고객 : 안녕하세요. 이 수트에 어울리는 넥타이를 골라주시겠습니까?

직원 : 예, 알겠습니다. 검정색 수트니까 연지색 계통의 넥타이가 잘 어울릴 것 같은데요. 이것은 어떠세요?

고객 : 여름용인가요?

직원 : 아니요, 소재가 면100%이므로 계절에 관계없이 맬 수 있습니다.

고객 : 폭이 약간 좁은 거 아닌가요?

직원 : 고객님은 체격이 마른 편이기 때문에 폭이 약간 좁은 것이 잘 어울린다고 생각합니다.

고객 : 정말이에요? 그럼, 그걸로 할게요.

 단어장  Track 71

넥타이	ネクタイ	체격이 좋다	体格がいい
세련되다, 멋지다	おしゃれだ	키가 작다	背が低い
가슴에 대어보다	胸に当ててみる	마르다	やせる
고급스러움	高級感	거의, 대부분	ほとんど
넥타이를 매다	ネクタイを締める	프린트	プリント
와이셔츠	ワイシャツ	수트, 양복	スーツ
여름용	夏向	여름옷, 하복	夏物
겨울용	冬向	폭	幅
무늬, 문양	柄	좁다	狭い
키가 크다	背が高い		

2 부티크 코너 - 스카프

기본 문형 Track 72

이 상품은 여성스러운 느낌의 스카프입니다.
この商品は女らしい感じのスカーフでございます。

이 스카프는 100% 실크입니다.
このスカーフは100%シルクでございます。

그 머플러는 100% 캐시미어입니다.
そのマフラーは100%カシミアでございます。

실크 제품이기 때문에 반드시 드라이클리닝하셔야만 합니다.
シルクの製品ですので、必ずドライクリーニングしなければなりません。

이 상품은 고객님에게 잘 어울린다고 생각합니다.
この商品はお客様によくお似合いだと思います。

이것은 직사각형의 긴 숄이고, 그것은 정사각형의 숄입니다.
こちらは長方形の長いショールで、そちらは正方形のショールです。

이 숄은 100% 울(wool)이며, 3가지 색상이 있습니다.
このショールは100%ウールで、3種類のカラーがございます。

에트로(ETRO) 스카프의 심볼 마크는 페이즐리(paisley) 패턴입니다.
エトロスカーフのシンボルマークはペイズリーのパターンでございます。

피부가 밝은 분에게는 밝은 계통이 잘 어울립니다.
お肌の明るい方には明るい系統のスカーフがよくお似合いです。

연습해 봅시다

01 이 상품은 여성스러운 느낌의 스카프입니다.

02 이 스카프는 100% 실크입니다.

03 그 머플러는 100% 캐시미어입니다.

04 실크 제품이기 때문에 반드시 드라이클리닝하셔야만 합니다.

05 이것은 직사각형의 긴 숄이고, 그것은 정사각형의 숄입니다.

06 이 숄은 100% 울이며, 3가지 색상이 있습니다.

07 피부가 밝은 분에게는 밝은 계통의 스카프가 잘 어울립니다.

상황 회화 Track 73

職員 : こんばんは。いらっしゃいませ。スカーフコーナーでございます。

お客様 : こんばんは。スカーフが欲しいですが、何かいい物ありますか。

職員 : お客様がお使いになる物ですか。それとも、お土産ですか。

お客様 : 私が使う物です。

職員 : 特にお探しのブランドはございませんか。

お客様 : いいえ、別にないです。

職員 : でしたら、こちらのエトロスカーフはいかがですか。

このスカーフはこのブランドのシンボルマークであるペイズリーのパターンとして有名です。

特にお客様はお肌のトーンが明るいですので、このスカーフがよくお似合いだと思います。

お客様 : そうなんですか。水洗いもできますか。

職員 : いいえ、このスカーフは100%シルクですので、必ずドライクリーニングしなければなりません。

お客様 : はい、わかりました。じゃ、それを一枚ください。

해석

직원 : 안녕하세요. 어서 오십시오. 스카프 코너입니다.
고객 : 안녕하세요. 스카프가 필요한데요, 뭔가 좋은 게 있나요?
직원 : 고객님이 사용하실 건가요? 아니면 선물인가요?
고객 : 제가 사용할 거예요.
직원 : 특별히 찾으시는 브랜드는 있으신가요?
고객 : 아니요, 특별히 없어요.
직원 : 그럼, 이 에트로 스카프는 어떠십니까?

이 스카프는 이 브랜드의 심볼마크인 페이즐리 패턴으로 유명합니다.
특히 고객님은 피부톤이 밝기 때문에 이 스카프가 잘 어울릴 것 같습니다.
고객 : 그런가요? 물세탁도 가능한가요?
직원 : 아니요, 이 스카프는 100% 실크이기 때문에 반드시 드라이클리닝하셔야만 합니다.
고객 : 네, 알겠습니다. 그럼, 그거 한 장 주세요.

 Track 74

여자답다, 여성스럽다	女(おんな)らしい	심볼마크	シンボルマーク
머플러	マフラー	페이즐리	ペイズリー
직사각형	長方形(ちょうほうけい)	패턴	パターン
숄	ショール	밝다	明(あか)るい
정사각형	正方形(せいほうけい)		

2 부티크 코너 – 액세서리

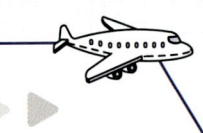

기본 문형 🎧 Track 75

액세서리 제품은 쉽게 변색되지는 않습니다만, 물에 닿지 않도록 주의해주십시오.
アクセサリ製品はたやすく変色しにくいですが、水に触れないように気をつけてください。

이 상품은 도금 처리했기 때문에 땀에 의해 변색될 수도 있습니다.
この商品はメッキ処理されておりますので、汗により変色するかもしれません。

금속 알레르기가 있으십니까?
金属アレルギーはございますか。

이 제품의 재질은 실버입니다.
この商品の材質はシルバーでございます。

이 목걸이는 금도금입니다.
このネックレスは金メッキでございます。

이 귀걸이는 플래티늄도금입니다.
このイヤリングはプラチナメッキでございます。

이 반지는 18K도금입니다.
この指輪は18Kメッキでございます。

이 제품은 다이아몬드가 아니라 큐빅입니다.
この製品はダイヤモンドではなく、キュービックでございます。

이 제품은 진짜 보석이 아니라 모조품입니다.
この製品は本物の宝石ではなく偽物でございます。

실버는 색상이 변하기 때문에 세척이 필요합니다.
シルバーは色が変りますから洗浄が必要です。

목걸이의 길이가 긴가요? 짧은가요?
ネックレスの長さは長いですか。短いですか。

변색이 있으면 A/S는 가능합니다.
変色がありましたら、アフターサービスはできます。

체인과 팬던트는 따로따로 판매하지 않습니다.
チェーンとペンダントは別々に販売しておりません。

목걸이는 물론, 귀걸이도 착용해보실 수 있습니다.
ネックレスはもちろん、イヤリングも着用できます。

남성용 넥타이핀과 커프스 버튼(cuffs button) 세트 상품도 있습니다.
男性用のタイピンとカフスボタンのセット商品もございます。

남성분의 선물로 넥타이핀은 어떠세요?
男の方のお土産としてタイピンはいかがですか。

이 상품은 던힐(Dunhill) 넥타이핀으로 던힐의 심볼마크가 들어간 디자인으로 젊은 세대에게 인기가 있습니다.
この商品はダンヒルのタイピンで、ダンヒルのシンボルマークが入ったデザインで、お若い世代に人気があります。

 연습해 봅시다

01 액세서리 제품은 쉽게 변색되지는 않습니다만, 물에 닿지 않도록 주의해주십시오.

02 이 상품은 도금 처리했기 때문에 땀에 의해 변색될 수도 있습니다.

03 금속 알레르기가 있으십니까?

04 이 제품의 재질은 실버입니다.

05 이 목걸이는 금도금입니다.

06 이 귀걸이는 플래티늄도금입니다.

07 이 제품은 다이아몬드가 아니라 큐빅입니다.

상황 회화 Track 76

職員 : アクセサリコーナーでございます。

お客様、アクセサリはいかがですか。

お客様 : きれいですね。この商品の材質は何ですか。

職員 : このネックレスは金メッキでございます。

アクセサリ製品はたやすく変色しにくいですが、メッキ処理されておりますから、水や汗により変色するかもしれません。

しかし色が変わったら、アフターサービスはできます。

お客様 : それはちょっと困りますね。このイヤリングの材質は何ですか。

職員 : シルバーでございます。シルバーも色が変わりますので洗浄が必要です。

お客様 : イヤリングを着用してみてもいいですか。

職員 : もちろんです。ネックレスだけではなく、イヤリングも着用できます。

해석

직원 : 액세서리 코너입니다.
고객님, 액세서리는 어떠세요?

고객 : 예쁘네요. 이 상품의 재질은 뭔가요?

직원 : 이 목걸이는 금도금입니다.
액세서리 제품은 쉽게 변색되지는 않습니다만 도금 처리했기 때문에 물이나 땀에 의해 변색될 수도 있습니다.
그렇지만 색이 변하면 A/S는 가능합니다.

고객 : 그것은 좀 그렇네요. 이 귀걸이의 재질은 무엇인가요?

직원 : 실버입니다. 실버도 색깔이 변하기 때문에 세척이 필요합니다.

고객 : 귀걸이를 착용해봐도 되나요?

직원 : 물론입니다. 목걸이뿐만 아니라 귀걸이도 착용할 수 있습니다.

お客様 ： いいですね。もしかしてさきほどのネックレスのペンダントだけは買えませんか。

職員 ： 申し訳ございませんが、チェーンとペンダントは別々に販売しておりません。

お客様 ： はい、わかりました。じゃ、ネックレスとイヤリングを全部ください。

職員 ： はい、かしこまりました。どうも、ありがとうございました。

> **해석**
>
> 고객 : 좋네요. 혹시 조금전 목걸이의 팬던트만은 살 수 없나요?
>
> 직원 : 죄송합니다만, 체인과 팬던트는 따로따로 판매하지 않습니다.
>
> 고객 : 네, 알겠습니다. 그럼, 목걸이와 귀걸이 모두 주세요.
>
> 직원 : 예, 알겠습니다. 대단히 감사합니다.

단어장  Track 77

액세서리	アクセサリ
쉽다, 용이하다	たやすい
변색	変(へんしょく)色
물에 닿다	水(みず)に触(ふ)れる
금속	金属(きんぞく)
알레르기	アレルギー
실버	シルバー
목걸이	ネックレス
금도금	金(きん)メッキ
귀걸이	イヤリング
플래티늄도금	プラチナメッキ
반지	指輪(ゆびわ)
18K도금	18K(きん)メッキ

다이아몬드	ダイヤモンド
큐빅	キュービック
진짜	本物(ほんもの)
보석	宝石(ほうせき)
모조품	偽物(にせもの)
세척	洗浄(せんじょう)
짧다	短(みじか)い
체인	チェーン
팬던트	ペンダント
착용	着用(ちゃくよう)
넥타이핀	タイピン
커프스 버튼	カフスボタン

3 귀금속 코너 - 보석 및 자수정

기본 문형

목걸이와 세트로 반지도 있습니다.
ネックレスとセットで指輪もあります。

이 목걸이에 어울리는 반지/귀걸이도 있습니다.
このネックレスに似合う指輪/イヤリングもあります。

반지 사이즈는 몇 호입니까?
指輪のサイズは何号ですか。

이 반지는 올해 신상품으로, 디자인이 독특하고 세련되어 매우 인기가 있습니다.
この指輪は今年の新商品で、デザインが独特で洗練されており、とても人気があります。

이 반지를 한번 끼워보시겠습니까?
この指輪を一度はめてみませんか。

이어링(earring)입니까? 피어스(pierce)입니까?
イヤリングですか。ピアスですか。

이 다이아몬드는 커팅이 잘 된 상품입니다.
このダイヤモンドはカッティングがよくできた商品でございます。

최고의 원석을 사용해서 만든 세팅(setting)이 뛰어난 상품입니다.
最高の原石を使って作られたセッティングの優れた商品でございます。

여기에 있는 제품은 대부분 플라티늄과 18K로 되어 있습니다.
ここにある製品はたいていプラチナと18Kになっております。

이 보석은 (다이아몬드)입니다.
この宝石は(ダイヤモンド)でございます。

| 루비, 사파이어, 에메랄드, 토파즈, 오팔, 진주, 오닉스 | ルビー, サファイア, エメラルド, トパーズ, オパール, 眞珠, オニキス |

158

> 이 상품은 보다 품위가 있고 디자인도 멋있습니다.

この商品はより品がよく、デザインも素敵です。

> 수정은 건강에 좋다고 합니다.

水晶は健康によいと言われています。

> 자수정은 평화를 상징하는 보석입니다.

紫水晶は平和を象徴する宝石です。

> 탄생석을 선물하는 것은 어떻습니까?

誕生石をプレゼントするのはいかがですか。

> 죄송합니다만, 몇 월생이십니까?

申し訳ございませんが、何月生まれですか。

> 이것은 가격도 비싸지 않고 디자인도 예뻐서 인기가 있습니다.

こちらはお値段も高くなく、デザインもきれいで、人気があります。

> 이것은 해수 진주/담수 진주입니다.

こちらは海水眞珠/淡水眞珠でございます。

> 이것은 품질보증서입니다.

こちらは品質保証書でございます。

> 따님 선물용으로 이 팔찌가 잘 어울릴 것 같습니다.

娘さんのお土産としてこちらのブレスレットがピッタリだと思います。

연습해 봅시다

01 목걸이와 세트로 반지도 있습니다.

02 이 목걸이에 어울리는 반지/귀걸이도 있습니다.

03 반지 사이즈는 몇 호입니까?

04 이 반지를 한번 끼워보시겠습니까?

05 이어링입니까? 피어스입니까?

06 이 다이아몬드는 커팅이 잘 된 상품입니다.

07 여기에 있는 제품은 대부분 플라티늄과 18K입니다.

상황 회화 Track 79

職員：いらっしゃいませ。宝石コーナーでございます。

お客様：この免税店にもタサキ真珠がありますか。

職員：もちろんです。お見せしましょうか。こちらへどうぞ。

お客様：はい、どうも。

職員：真珠は品質と大きさによって値段が違います。
真珠の場合は質がよいものほど光沢があって上品になります。

お客様：なるほど。このタイプでいちばん大きいサイズは何インチですか。

職員：16インチでございます。こちらのネックレスでございます。

お客様：16インチは首にちょっときつくないですか。
一つ上のサイズを見せてください。

職員：はい、かしこまりました。これが18インチでございます。

해석

직원 : 어서 오세요. 보석 코너입니다.

고객 : 이 면세점에도 다사키(TASAKI)진주가 있나요?

직원 : 물론입니다. 보여드릴까요? 이쪽으로 오세요.

고객 : 네, 고마워요.

직원 : 진주는 품질과 크기에 따라 가격이 다릅니다. 진주의 경우는 질이 좋은 것만큼 광택이 좋아서 고급품입니다.

고객 : 그렇군요. 이 타입으로 가장 큰 사이즈는 몇 인치인가요?

직원 : 16인치입니다. 이 목걸이예요.

고객 : 16인치는 목에 좀 끼지 않나요? 한 치수 큰 것을 보여주세요.

직원 : 예, 알겠습니다. 이것이 18인치입니다.

お客様　：これはいくらですか。

職員　　：550ドルでございます。それとお揃いで指輪もございます。

お客様　：指輪はいくらですか。

職員　　：325ドルでございます。ネックレスと指輪を合わせたら、875ドルになります。

お客様　：タサキ真珠は日本製ですが、日本よりこちらの方がもっと安いですか。

職員　　：はい、タサキ真珠は原産地が日本ですけど、日本よりは少し安いです。

お客様　：今回はネックレスだけでいいです。

職員　　：はい、かしこまりました。ありがとうございます。

> **해석**
>
> 고객 : 이것은 얼마인가요?
>
> 직원 : 550달러입니다. 그것과 세트로 반지도 있습니다.
>
> 고객 : 반지는 얼마인가요?
>
> 직원 : 325달러입니다. 목걸이와 반지를 합하면 875달러가 됩니다.
>
> 고객 : 다사키 진주는 일본제인데, 일본보다 여기가 더 싼가요?
>
> 직원 : 예, 다사키 진주는 원산지가 일본이지만 일본보다는 약간 쌉니다.
>
> 고객 : 이번에는 목걸이만으로 괜찮겠어요.
>
> 직원 : 예, 알겠습니다. 감사합니다.

Track 80

몇 호	何号(なんごう)	몇 월생	何月生(なんがつう)まれ
독특하다	独特(どくとく)だ	예쁘다	きれいだ
반지를 끼다	指輪(ゆびわ)をはめる	해수진주	海水真珠(かいすいしんじゅ)
피어스	ピアス	담수진주	淡水真珠(たんすいしんじゅ)
커팅	カッティング	품질보증서	品質保証書(ひんしつほしょうしょ)
최고	最高(さいこう)	딸	娘(むすめ)
원석	原石(げんせき)	팔찌	ブレスレット
세팅	セッティング	딱 맞다, 꼭 맞다	ピッタリだ
품위가 있다	品(ひん)がよい	질	質(しつ)
수정	水晶(すいしょう)	광택	光沢(こうたく)
자수정	紫水晶(むらさきずいしょう)	인치	インチ
평화	平和(へいわ)	목	首(くび)
상징	象徴(しょうちょう)	원산지	原産地(げんさんち)
탄생석	誕生石(たんじょうせき)	이번	今回(こんかい)
선물하다	プレゼントする		

 # 3 귀금속 코너 - 시계

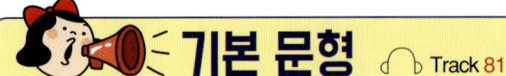 기본 문형 　Track 81

> 이 상품은 오토매틱(자동)시계/쿼츠(밧데리)시계입니다.

この商品は自動巻き時計/クォーツ時計でございます。

> 오토매틱 시계는 쿼츠 시계보다 무겁습니다.

自動巻き時計はクォーツ時計より重いです。

> 이 시계는 200미터까지 방수가 가능합니다. 수영할 때 착용해도 괜찮습니다.

この時計は200メートル防水です。水泳する時につけてもかまいません。

> 이 시계는 100미터 생활방수만 가능합니다. 물에 닿지 않도록 주의해 주십시오.

この時計は100メートルの生活防水だけです。水にふれないようにお気をつけください。

> 이 브랜드는 스위스제입니다.

このブランドはスイス製でございます。

> 이 시계의 보증기간은 1년입니다.

この時計の保証期間は1年でございます。

> 이 제품 안에는 보증서와 설명서가 들어 있습니다.

この製品の中には保証書と説明書が入っております。

> 이 시계는 사이즈 조절이 가능합니다.

この時計はサイズの調節ができます。

> 이 시계는 사이즈를 작게할 수 있습니다.

この時計はサイズを小さくすることができます。

이 시계는 사이즈 조절이 안 됩니다.
この時計はサイズの調節ができません。

이 시계는 문자판이 야광으로 되어 있어 밤에도 잘 보입니다.
この時計は文字盤が夜光になっており、夜にもよく見えます。

이 상품은 크로노그래프(chronograph) 시계입니다.
この商品はクロノグラフ時計でございます。

이 상품은 내부가 보이는 스캘레톤(skeleton) 시계입니다.
この商品は中が見えるスケルトン時計でございます。

시계 유리는 사파이어 크리스탈(sapphire crystal)과 미네랄 글라스(mineral glass)가 있습니다.
時計のガラスはサファイアクリスタルとミネラルガラスがあります。

이 시계는 미네랄 글라스이기 때문에 스크래치가 잘 납니다.
この時計はミネラルガラスなので、スクラッチがよくできます。

사파이어 크리스탈 시계 유리도 사용할 때 긁힘이 생기는 경우가 있습니다.
サファイアクリスタル時計のガラスも使う時、傷が生ずることがあります。

전지의 수명은 보통 1에서 2년까지입니다.
電池の寿命は普通1年から2年まででございます。

고객님의 손목 사이즈에 맞게 밴드 조절이 가능합니다.
お客様の手首のサイズにあわせて、バンドの調節ができます。

오토매틱 시계이므로 운동할 때에는 풀어놓는 편이 것이 좋습니다.
自動巻き時計なので、運動する時にははずしておいた方がいいです。

3 귀금속 코너 - 시계

이 시계의 밴드는 (소가죽)입니다.
この時計のバンドは(牛革)でございます。

| 18K골드, 스틸, 티타늄, 세라믹, 악어가죽 | 18K, スチール, チタン, セラミック, ワニ革 |

이 시계는 18K도금이므로 장기간 사용하면 색깔이 변색될 가능성이 있습니다.
この時計は18Kメッキですので、長い間使うと変色する可能性があります。

이 시계는 나중에 밴드를 구입하셔서 교체할 수 있습니다.
この時計は後でバンドを購入して交換できます。

이 시계는 100미터 방수 기능과 스톱워치 기능이 있습니다.
この時計は100メートルの防水機能とストップウォッチ機能があります。

이 시계는 수동으로 조작을 하면 기계가 고장나는 경우도 있습니다.
この時計は手動で操作をすると、機械が故障することもあります。

18K로 된 오토매틱 시계이므로 소장할만한 가치가 있습니다.
こちらは18Kの自動巻き時計ですので、所蔵すべき価値があります。

변색과 변형을 방지하기 위해서는 반드시 습기와 물을 피해주십시오.
変色と変形を防ぐためには必ず湿気と水をお避けください。

이 시계는 태엽을 감아서 시간과 날짜를 맞춥니다.
この時計はねじを巻いて時間と日付を合わせます。

이 시계는 충격에 약하기 때문에 바닥에 떨어뜨리지 않도록 주의해주세요.
こちらの時計は衝撃に弱いですから、地面に落さないように注意してください。

이 시계를 한번 차보시겠습니까?
この時計を一度つけてみますか。

A/S센터는 설명서에 적혀 있습니다.
アフターサービスセンターは説明書に書いております。

이쪽은 여성용 시계이고, 저쪽은 남성용 시계입니다.
こちらは女性用の時計で、あちらは男性用の時計でございます。

물론 남녀 겸용 시계도 있습니다.
もちろん男女兼用の時計もございます。

이 시계의 문자판은 로마자로 되어 있고, 저 시계의 문자판은 아라비아 숫자로 되어 있습니다.
こちらの時計の文字盤はローマ字で、あちらの時計の文字盤はアラビア数字でございます。

이것은 베젤(bezel)과 문자판에 다이아몬드를 넣은 여성용 롤렉스(Rolex) 시계입니다.
こちらはベゼルと文字盤にダイヤモンドを入れた女性用のローレックス時計でございます。

롤렉스 시계는 소장할만한 가치가 있습니다.
ローレックス時計は所蔵すべき価値があります。

이 시계는 가격도 적당하고 캐주얼과 정장 어디에든 잘 어울리는 실용적인 디자인입니다.
この時計は価格も適当で、カジュアルウェアにもフォーマルウェア(正装)にもよく似合う実用的なデザインでございます。

최근 이 시계는 베스트 세일즈 아이템입니다.
最近、この時計はベストセールスアイテムでございます。

UNIT 04

연습해 봅시다

01 이 상품은 오토매틱(자동)시계/쿼츠(밧데리)시계입니다.

02 이 시계는 200미터까지 방수가 가능합니다.

03 수영할 때에 착용해도 괜찮습니다.

04 이 시계는 100미터 생활방수만 가능합니다.

05 물에 닿지 않도록 주의해 주십시오.

06 이 브랜드는 스위스제입니다.

07 이 시계를 한번 차보시겠습니까?

상황 회화 🎧 Track 82

職員　：いらっしゃいませ。こんにちは。時計コーナーでございます。

お客様：ちょっと見てもいいんですか。

職員　：はい、ごゆっくりどうぞ。

お客様：すみませんが、タグ・ホイヤーをちょっと見せてください。

職員　：こちらへどうぞ。ご自分で使われますか。それともお土産ですか。

お客様：息子の お土産です。

職員　：お気に入りのスタイルでもありますか。

お客様：別にないです。

職員　：お客様、これはいかがですか。

　　　　時計は100メートルの生活防水が一般的ですが、この時計は200メートルまで防水ができます。

　　　　水泳する時つけてもかまいません。

　　　　このブランドはスイス製で、ガラスはサファイアクリスタルです。

　　　　手首のサイズに合わせて、バンドの調節ができます。

해석

직원 : 어서 오세요. 안녕하세요. 시계 코너입니다.
고객 : 좀 구경해도 되나요?
직원 : 네, 천천히 구경하세요.
고객 : 미안한데요, 태그 호이어 좀 보여주세요.
직원 : 이쪽으로 오세요. 본인이 사용하십니까? 아니면 선물용입니까?
고객 : 아들 선물이에요.
직원 : 마음에 드는 스타일이라도 있으세요?
고객 : 특별히 없습니다.
직원 : 고객님, 이것은 어떠세요?
　　　시계는 100미터 생활방수가 일반적인데, 이 시계는 200미터까지 방수가 가능합니다. 수영할 때 착용해도 괜찮습니다. 이 브랜드는 스위스제이고, 유리는 사파이어 크리스탈입니다. 손목 사이즈에 맞게 밴드조절이 가능합니다.

お客様　：バンドはスチールだけですか。

職員　　：いいえ、それ以外に牛革とワニ革などがあります。

お客様　：この時計はバンドの交換が可能ですか。

職員　　：後でバンドを購入して交換できます。

お客様　：この時計は電池を交換できるものですか。

職員　　：はい、そうです。電池の寿命は普通1年から2年まででございます。

　　　　　電池の交換はアフターサービスセンターでできます。

お客様　：日本にもアフターサービスセンターがありますか。

職員　　：もちろんです。これが保証書でございます。保証期間は1年でございます。

　　　　　アフターサービスセンターの住所は説明書に書かれております。

お客様　：保証書は日本でも有効ですか。

해석

고객 : 밴드는 스틸밖에 없나요?

직원 : 아니요. 그 외에 소가죽과 악어가죽 등이 있습니다.

고객 : 이 시계는 밴드 교체가 가능한가요?

직원 : 나중에 밴드를 구입하셔서 교체할 수 있습니다.

고객 : 이 시계는 배터리를 교환할 수 있는 건가요?

직원 : 네, 그렇습니다. 배터리 수명은 보통 1년에서 2년입니다.
　　　배터리 교환은 A/S센터에서 가능합니다.

고객 : 일본에도 A/S센터가 있나요?

직원 : 물론입니다. 이것은 보증서입니다. 보증기간은 1년입니다.
　　　A/S센터의 주소는 설명서에 적혀 있습니다.

고객 : 보증서는 일본에서도 유효한가요?

職員 : もちろんです。アフターサービスセンターへ行かれる時、必ず保証書がなければなりません。
保証書がなければアフターサービスをお受けすることができないので、大切に保管してください。

お客様 : じゃ、この時計にします。

職員 : どうもありがとうございます。

직원 : 물론입니다. A/S센터에 가실 때 반드시 보증서가 있어야만 합니다.
보증서가 없으면 A/S가 불가능하오니 잘 보관해주세요.

고객 : 그럼, 이 시계로 할게요.

직원 : 고맙습니다.

자동시계	自動巻き時計(じどうまきとけい)	보통	普通(ふつう)
쿼츠시계	クォーツ時計(とけい)	밴드	バンド
무겁다	重(おも)い	운동	運動(うんどう)
방수	防水(ぼうすい)	풀다, 벗다	はずす
수영	水泳(すいえい)	스틸	スチール
시계를 차다	時計(とけい)をつける	티타늄	チタン
생활방수	生活防水(せいかつぼうすい)	세라믹	セラミック
물에 닿다	水(みず)にふれる	오랫동안, 장기간	長(なが)い間(あいだ)
문자판	文字盤(もじばん)	스톱워치 기능	ストップウォッチ機能(きのう)
야광	夜光(やこう)	수동	手動(しゅどう)
크로노그래프 시계	クロノグラフ時計(とけい)	조작	操作(そうさ)
스켈레톤 시계	スケルトン時計(とけい)	기계	機械(きかい)
유리	ガラス	고장	故障(こしょう)
사파이어 크리스탈	サファイアクリスタル	소장	所蔵(しょぞう)
미네랄 글라스	ミネラルガラス	가치	価値(かち)
스크래치	スクラッチ	변형	変形(へんけい)
전지, 밧데리	電池(でんち)	습기	湿気(しっけ)
수명	寿命(じゅみょう)	피하다	避(さ)ける

태엽을 감다	ねじを巻く	로마자	ローマ字
날짜	日付	아라비아 숫자	アラビア数字
충격	衝撃	베젤	ベゼル
지면, 땅바닥, 바닥	地面	적당하다	適当だ
떨어뜨리다	落とす	일반적	一般的
주의	注意	유효하다	有効だ

3 귀금속 코너 - 선글라스

 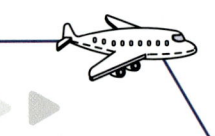 

기본 문형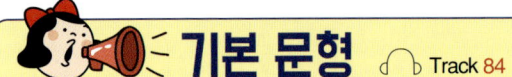

가격은 싼 것부터 비싼 것까지 다양한 물건이 구비되어 있습니다.
価格は安い物から高い物までさまざまな物が揃っております。

고객님에게는 세련된 디자인이 잘 어울리는 것 같습니다.
お客様にはおしゃれなデザインがよくお似合いだと思います。

선글라스는 등산, 낚시, 수영, 해변 등에서 다양하게 사용됩니다.
サングラスは登山、釣り、水泳、海辺などで多様に使えます。

이쪽에 다양한 스타일의 선글라스가 있습니다.
こちらに多様なスタイルのサングラスがございます。

어떤 형태의 선글라스를 찾으십니까? 예를 들어 라운드, 사각, 크거나 작은 것 중 어떤 테를 원하십니까?
どんな形のサングラスをお探しですか。たとえばラウンド、四角、大きいか小さい物の中でどんなフレームがよろしいですか。

100% 자외선이 차단됩니다.
100%紫外線が遮断されます。

계절에 관계없이 착용이 가능하며 실내에서도 착용할 수 있는 옅은 색상의 선글라스도 있습니다.
季節に関係なくかけられますし、室内でもかけられる薄い色のサングラスもあります。

이 선글라스는 신상품이기 때문에 세일은 하지 않습니다. 단지 이월 상품만 세일을 하고 있습니다.
このサングラスは新商品ですので、セールはしておりません。繰り越し商品だけセールをしております。

> 이 선글라스를 착용해보셔도 됩니다.

このサングラスをかけてみてもいいです。

> 요즘은 테가 큰 선글라스가 유행입니다.

最近はフレームの大きいサングラスが流行りでございます。

> 테의 색상은 검정색과 브라운이 무난합니다.

フレームの色は黒とブラウンが無難です。

> 선글라스의 종류는 크게 메탈, 플라스틱, 무테로 나뉩니다.

サングラスの種類は大きくメタル、プラスティック、縁無しに分けられます。

> 선글라스는 멋으로도 쓰지만 눈을 보호하기 위해 쓰는 경우도 있습니다.

サングラスはおしゃれのためにもかけますが、目を保護するためにかけることもあります。

> 이것은 세계적으로도 유명한 브랜드인 샤넬(CHANEL)/구찌/페라가모 선글라스입니다.

こちらは世界的にも有名なブランドであるシャネル/グッチ/フェラガモのサングラスでございます。

> 이 디자인은 고객님의 분위기와 얼굴에 잘 어울리십니다.

このデザインはお客様の雰囲気とお顔によくお似合いです。

연습해 봅시다

01 고객님에게는 세련된 디자인이 잘 어울리는 것 같습니다.

02 선글라스는 등산, 낚시, 수영, 해변 등에서 다양하게 사용됩니다.

03 어떤 형태의 선글라스를 찾으십니까?

04 100% 자외선이 차단됩니다.

05 요즘은 테가 큰 선글라스가 유행입니다.

06 테의 색상은 검정색과 브라운이 무난합니다.

07 선글라스의 종류는 크게 메탈, 플라스틱, 무테로 나뉩니다.

상황 회화 Track 85

職員　：いらっしゃいませ。サングラスコーナーでございます。

お客様：自分のサングラスが欲しいんですが。

職員　：安い物から高い物までさまざまな物が揃っておりますが、特にお探しのブランドはございませんか。

お客様：グッチのサングラスが欲しいんですが、ありますか。

職員　：はい、こちらにございます。こちらへどうぞ。

お客様：はい、どうも。

職員　：こちらに多様なスタイルのサングラスがございますが、どんな形のサングラスをお探しですか。

　　　　たとえばラウンド、四角、大きいか小さい物の中でどんなフレームが欲しいですか。

お客様：どんなサングラスが私に似合いますか。

職員　：お客様の顔型は丸型ですので、この四角の方がお似合いだと思います。

　　　　特に、最近は大きいフレームが流行りです。

해석

직원 : 어서 오세요. 선글라스 코너입니다.

고객 : 제가 사용할 선글라스를 사고 싶은데요.

직원 : 싼 것부터 비싼 것까지 다양한 물건이 구비되어 있습니다만, 특별히 찾으시는 브랜드가 있으십니까?

고객 : 구찌 선글라스를 사고 싶은데요, 있나요?

직원 : 예, 이쪽에 있습니다. 이쪽으로 오세요.

고객 : 네, 고마워요.

직원 : 이쪽에 다양한 스타일의 선글라스가 있습니다만, 어떤 형태의 선글라스를 찾으십니까? 예를 들어 라운드, 사각, 크거나 작은 것 중 어떤 테를 원하십니까?

고객 : 어떤 선글라스가 제게 어울릴까요?

직원 : 고객님의 얼굴형은 둥근형이기 때문에 이 사각형 쪽이 어울린다고 생각합니다. 특히 요즘은 큰 테가 유행입니다.

お客様　：フレームの種類にはどんな物がありますか。

職員　　：大きくメタル、プラスティック、縁無しに分けられます。

　　　　　近ごろはプラスティックの方が人気です。

　　　　　こちらの商品をかけてみましょうか。

お客様　：はい、どうも。どうですか。

職員　　：お客様にはおしゃれなデザインがよくお似合いだと思います。

お客様　：色はこれしかないんですか。

職員　　：いいえ、フレームの色は黒とブラウンがありますが、黒がより無難です。

お客様　：セールはやってないんですか。

職員　　：このサングラスは新商品ですので、セールはしておりません。

　　　　　繰り越し商品だけセールをしております。

お客様　：はい、わかりました。じゃ、黒にします。

해석

고객 : 테의 종류에는 어떤 것이 있나요?

직원 : 크게 메탈, 플라스틱, 무테로 나뉩니다.
요즘에는 플라스틱이 인기입니다.
이 상품을 착용해 보시겠습니까?

고객 : 네, 고마워요. 어때요?

직원 : 고객님에게는 세련된 디자인이 잘 어울리는 것 같습니다.

고객 : 색상은 이것밖에 없나요?

직원 : 아니요, 테의 색상은 검정색과 브라운이 있는데 검정색이 더 무난합니다.

고객 : 세일은 안 하나요?

직원 : 이 선글라스는 신상품이기 때문에 세일은 하지 않습니다.
단지 이월 상품만 세일하고 있습니다.

고객 : 네, 알겠습니다. 그럼, 검정색으로 하겠습니다.

단어장 Track 86

선글라스	サングラス
등산	登(と)山(ざん)
낚시	釣(つ)り
해변	海(うみ)辺(べ)
다양, 여러 가지	多(た)様(よう)に
라운드	ラウンド
사각, 사각형	四(し)角(かく)
테, 프레임	フレーム
실내	室(しつ)内(ない)
선글라스를 쓰다	サングラスをかける

메탈	メタル
플라스틱	プラスチック
무테	縁(ふち)無(な)し
나누다	分(わ)ける
보호	保(ほ)護(ご)
세계적	世(せ)界(かい)的(てき)
분위기	雰(ふん)囲(い)気(き)
얼굴형	顔(かお)型(がた)
둥근형	丸(まる)型(がた)

4 토산품 코너 - 인삼

기본 문형 🎧 Track 87

인삼 상품의 종류에는 크게 엑기스, 차, 분말, 캡슐, 사탕 타입이 있습니다.
人参商品の種類には大きくエキス、お茶、粉末、カプセル、飴のタイプがございます。

인삼차는 선물로도 아주 좋습니다.
人参茶はお土産としてとてもよろしいです。

엑기스는 효능이 매우 좋습니다.
エキスは効能がとてもいいです。

엑기스는 100% 원액이며, 특히 당뇨병과 간이 나쁜 분에게 더욱 좋습니다.
エキスは100%原液で、特に糖尿病と肝臓が悪い方によりいいです。

엑기스는 하루에 2~3회 정도 따뜻한 물에 타서 드세요. 꿀을 넣어 마시면 더욱 효과적입니다.
エキスは一日に2～3回ほどお湯に溶かして飲んでください。蜂蜜を入れて飲むとより効果的です。

캡슐은 가장 간편하게 먹을 수 있는 타입입니다.
カプセルはいちばん手軽に飲めるタイプです。

분말은 차처럼 타서 마시는 제품입니다.
粉末はお茶のように飲む商品でございます。

인삼주는 6년 근으로 만들었으며 몸에 아주 좋습니다.
人参酒は6年根で、体にとてもいいです。

 연습해 봅시다

01 인삼 상품의 종류에는 크게 엑기스, 차, 분말, 캡슐, 사탕 타입이 있습니다.

02 엑기스는 효능이 매우 좋습니다.

03 엑기스는 100% 원액이며, 특히 당뇨병과 간이 나쁜 분에게 더욱 좋습니다.

04 엑기스는 하루에 2~3회 정도 따듯한 물에 타서 드세요.

05 꿀을 넣어 마시면 더욱 효과적입니다.

06 캡슐은 가장 간편하게 먹을 수 있는 타입입니다.

07 분말은 차처럼 타서 마시는 제품입니다.

상황 회화 🎧 Track 88

職員 ： お客様、人参はいかがでしょうか。

お客様 ： お土産を買いたいんですが、いい物でもありますか。

職員 ： 人参茶は手軽なお土産としてとてもよろしいです。

お客様 ： それ以外に他の物はないですか。

職員 ： こちらへどうぞ。人参商品の種類には大きくエキス、お茶、粉末、カプセル、飴のタイプがございます。

その中でエキスがいちばん効能がいいです。

お客様 ： どんな効能がありますか。

職員 ： エキスは100%原液で、特に糖尿病と肝臓が悪い方によりいいです。

そして一日に2～3回ほどお湯に溶かして飲んでください。

お客様 ： そうですね。ところで苦くありませんか。

職員 ： 蜂蜜を入れて飲むと苦くないですし、より効果的です。

お客様 ： でしたらエキス1本と人参茶を2箱ください。

해석

직원 : 고객님, 인삼은 어떠신가요?

고객 : 선물을 사고 싶은데요, 좋은 거라도 있나요?

직원 : 인삼차는 간단한 선물로도 아주 좋습니다.

고객 : 그거 이외에 다른 것은 없나요?

직원 : 이쪽으로 오세요. 인삼상품의 종류에는 크게 엑기스, 차, 분말, 캡슐, 사탕 타입이 있습니다.
그 중 엑기스가 가장 효능이 좋습니다.

고객 : 어떤 효능이 있나요?

직원 : 엑기스는 100% 원액이며, 특히 당뇨와 간이 나쁜 분에게 더욱 좋습니다.
그리고 하루에 2~3회 정도 따뜻한 물에 타서 드세요.

고객 : 그렇군요. 그런데 쓰지 않나요?

직원 : 꿀을 타서 드시면 쓰지 않고 더욱 효과적입니다.

고객 : 그럼 엑기스 1병과 인삼차 2상자 주세요.

단어장  Track 89

인삼	人参(にんじん)
엑기스	エキス
차	お茶(ちゃ)
분말	粉末(ふんまつ)
캡슐	カプセル
사탕	飴(あめ)
인삼차	人参茶(にんじんちゃ)
효능	効能(こうのう)
원액	原液(げんえき)
당뇨병	糖尿病(とうにょうびょう)

간	肝臓(かんぞう)
나쁘다	悪(わる)い
따뜻한 물	お湯(ゆ)
녹이다	溶(と)かす
마시다	飲(の)む
꿀	蜂蜜(はちみつ)
효과적	効果的(こうかてき)
인삼주	人参酒(にんじんしゅ)
몸	体(からだ)

4 토산품 코너 - 식품

기본 문형 🎧 Track 90

> 이 상품은 한국의 전통적인 음식입니다.

この商品は韓国の伝統的な食べ物でございます。

> 김치는 한국을 대표하는 전통적인 식품입니다. 그 밖에 김이나 고추장도 있습니다.

キムチは韓国を代表する伝統的な食品でございます。他に海苔やコチュジャンもあります。

> 김치는 배추김치와 총각김치, 깍두기, 동치미, 물김치, 파김치가 있습니다.

キムチは白菜キムチ、チョンガクキムチ、カクテキ、トンチミ、水キムチ、ねぎキムチがあります。

> 김치는 진공포장을 해서 드리기 때문에 걱정하지 않아도 됩니다.

キムチは真空パックをしてさしあげますので、心配しなくても大丈夫です。

> 김은 가벼워서 짐도 안 되기 때문에 선물로 인기가 있습니다.

海苔は軽くてお荷物にもなりませんので、お土産として人気があります。

> 김은 재래김과 돌김이 있습니다.

海苔は在来海苔と岩海苔があります。

> 김은 비타민과 무기질이 많이 함유되어 있어 성인병 예방과 피부미용에도 효과가 있습니다.

海苔はビタミンとミネラルがたくさん含まれており、成人病の予防とお肌の美容にも効果があります。

> 김은 밥과 함께 드셔도 좋고 술안주로도 좋습니다.

海苔はご飯と一緒に召し上がってもいいですし、お摘みとしてもいいです。

> 유통기한은 겉면 아래에 적혀 있습니다.

賞味期限は表面の下に書かれております。

> 한국 전통차인 홍삼차와 유자차도 있습니다.

韓国の伝統茶である紅参茶と柚子茶もあります。

> 유자는 비타민C가 풍부하고 감기 예방과 피부미용에도 효과가 있습니다.

柚子はビタミンCが豊かで、風邪の予防と美肌にも効果があります。

> 유자차는 꿀이랑 설탕에 절인 유자를 따뜻한 물에 타서 마시는 차입니다.

柚子茶は蜂蜜や砂糖に漬けた柚子をお湯で割って飲むお茶でございます。

> 삼계탕은 고려인삼과 대추, 밤, 마늘, 찹쌀 등이 들어간 한국의 대표적인 보양 음식입니다.

サムゲタンは高麗人参とナツメ、栗、ニンニク、もち米などが入った韓国の代表的な保養の食べ物でございます。

📢 연습해 봅시다

01 이 상품은 한국의 전통적인 음식입니다.

02 김치는 한국을 대표하는 전통적인 식품입니다.

03 김치는 배추김치와 총각김치, 깍두기, 동치미, 물김치, 파김치가 있습니다.

04 김치는 진공포장을 해서 드리기 때문에 걱정하지 않아도 됩니다.

05 김은 가벼워서 짐도 안 되기 때문에 선물용으로 인기가 있습니다.

06 김은 재래김과 돌김이 있습니다.

07 김은 밥과 함께 드셔도 좋고 술안주로도 좋습니다.

08 유통기한은 겉면 아래에 적혀 있습니다.

상황 회화 Track 91

職員 ： こんにちは。いらっしゃいませ。こちらには韓国の伝統的な食べ物が
いろいろございます。

お客様 ： こんにちは。お土産として何がいいですか。

職員 ： キムチはいかがですか。韓国を代表する伝統的な食品で、おいしくて人気が
あります。

お客様 ： キムチの種類には何がありますか。

職員 ： 白菜キムチ、チョンガクキムチ、カクテキ、トンチミ、水キムチ、ねぎキム
チがあります。

お客様 ： キムチの匂いがしないですか。

職員 ： 真空パックをしてさしあげますので、それはご心配なさらないでください。

お客様 ： 白菜キムチを1個ください。他に何がありますか。

職員 ： 海苔とコチュジャンもあります。
海苔は軽くてお荷物にもなりませんので、お土産として人気があります。
在来海苔と岩海苔などがあります。

해석

직원 : 안녕하세요. 어서 오세요. 이쪽에는 한국의 전통적인 음식이 여러 가지 있습니다.

고객 : 안녕하세요. 선물로 뭐가 좋은가요?

직원 : 김치는 어떠세요? 한국을 대표하는 전통적인 식품으로 맛이 있어서 인기가 있습니다.

고객 : 김치 종류에는 뭐가 있나요?

직원 : 배추김치와 총각김치, 깍두기, 동치미, 물김치, 파김치가 있습니다.

고객 : 김치 냄새가 나지 않을까요?

직원 : 진공포장을 해서 드리기 때문에 그것은 걱정하지 마십시오.

고객 : 배추김치 하나 주세요. 그 밖에 뭐가 있나요?

직원 : 김과 고추장도 있습니다.
김은 가벼워서 짐도 안 되기 때문에 선물로 인기가 있습니다.
재래김과 돌김 등이 있습니다.

お客様　：海苔はいつまで食べられますか。

職員　　：賞味期限は表面の下に書かれております。

お客様　：じゃ、それもください。

해석

고객 : 김은 언제까지 먹어야 하나요?

직원 : 유통기한은 겉면 아래에 적혀 있습니다.

고객 : 그럼, 그것도 주세요.

전통적	伝統的 (でんとうてき)
음식	食べ物 (たべもの)
대표	代表 (だいひょう)
식품	食品 (しょくひん)
김	海苔 (のり)
고추장	コチュジャン
배추김치	白菜キムチ (はくさい)
총각김치	チョンガクキムチ
깍두기	カクテキ
동치미	トンチミ
물김치	水キムチ (みず)
파김치	ねぎキムチ
진공포장	真空パック (しんくう)
짐	荷物 (にもつ)
재래김	在來海苔 (ざいらいのり)
돌김	岩海苔 (いわのり)
비타민	ビタミン
무기질	ミネラル
성인병	成人病 (せいじんびょう)
예방	予防 (よぼう)
미용	美容 (びよう)
밥	ご飯 (はん)
함께, 같이	一緒に (いっしょ)
드시다	召し上がる (めしあがる) (食べる의 존경어)
술안주	お摘み (つま)
겉면	表面 (ひょうめん)
전통차	伝統茶 (でんとうちゃ)
홍삼차	紅参茶 (こうじんちゃ)
유자차	柚子茶 (ゆずちゃ)
유자	柚子 (ゆず)
풍부하다, 풍성하다	豊かだ (ゆたかだ)
감기	風邪 (かぜ)
설탕	砂糖 (さとう)
절이다	漬ける (つける)
(다른 것을 타서) 묽게하다	割る (わる)
삼계탕	サムゲタン

고려인삼	高麗人参(こうらいにんじん)	마늘	ニンニク
대추	ナツメ	찹쌀	もち米(ごめ)
밤	栗(くり)	보양	保養(ほよう)

5 담배 및 주류 코너 - 담배

기본 문형 　Track 93

이것은 이번에 새로 나온 담배입니다.
これは今回新しく出たタバコでございます。

이것은 한국인/일본인/중국인이 가장 좋아하는 담배입니다.
これは韓国人/日本人/中国人がいちばん好きなタバコでございます。

한국에서는 1인당 1보루까지 면세입니다.
韓国ではお一人当たり1カートンまで免税でございます。

그 이상의 담배를 사신 경우에는 반드시 신고해서 세금을 납부하셔야만 합니다.
それ以上のタバコをご購入された場合には、必ず申告して税金を払わなければなりません。

그것보다 이것이 더 독한/약한 담배입니다.
そちらよりこちらの方がもっと強い/弱いタバコでございます。

이 담배는 멘솔(박하)향입니다.
このタバコはペパーミント(メンソール)の香りでございます。

냄새를 대폭적으로 줄인 담배입니다.
匂いを大幅に減らしたタバコでございます。

여성 고객이 좋아하는 담배입니다.
女性のお客様に愛されるタバコでございます。

이 안에는 5갑/10갑이 들어 있습니다.
この中には5箱/10箱が入っております。

> 일반적인 두께의 담배입니다.

一般的な厚さのタバコでございます。

> 슬림한 타입의 담배입니다.

スリムタイプのタバコでございます。

> 5개 모두 메탈케이스입니다.

5つ全部メタルケースでございます。

> 1개의 메탈케이스와 8개의 종이상자가 들어 있습니다.

1つのメタルケースと8つの紙箱が入っております。

> 부드러운 종이상자와 딱딱한 종이상자가 있습니다.

柔らかい紙箱と堅い紙箱があります。

> 이것은 옆으로 밀어서 여는 케이스입니다.

これは横に押して開けるケースでございます。

> 공항에서는 라이터를 판매하지 않습니다.

空港ではライターを販売しておりません。

> 일본에 입국할 때에는 외국제품 1보루, 일본제품 1보루까지 면세입니다.

日本に入国する時には外国製1カートン、日本製1カートンまで免税でございます。

연습해 봅시다

01 이것은 이번에 새로 나온 담배입니다.

02 이것은 한국인/일본인/중국인이 가장 좋아하는 담배입니다.

03 한국에서는 1인당 1보루까지 면세입니다.

04 그것보다 이것이 더 독한/약한 담배입니다.

05 여성 고객이 좋아하는 담배입니다.

06 슬림한 타입의 담배입니다.

상황 회화 Track 94

職員 : いらっしゃいませ。タバココーナーでございます。何かお探しでしょうか。

お客様 : こんにちは。日本人がいちばん好きなタバコは何ですか。

職員 : 日本製ですか。

お客様 : いいえ、韓国製です。

職員 : これはいかがですか。今回新しく出たタバコでございます。一般的な厚さのタバコでございます。

お客様 : 強くないですか。

職員 : いいえ、これは弱いタバコで、匂いを大幅に減らしたタバコでございます。そして女性のお客様にも愛されるタバコでございます。

お客様 : 日本に入国する時、何カートンまで免税になりますか。

職員 : 外国製1カートン、日本製1カートンまで免税でございます。それ以上のタバコをご購入された場合には、必ず申告して税金を払わなければなりません。

お客様 : では、それを1カートンください。

해석

직원 : 어서 오세요. 담배 코너입니다. 무엇을 찾으시나요?

고객 : 안녕하세요. 일본인이 좋아하는 담배는 뭐지요?

직원 : 일본제인가요?

고객 : 아니요, 한국산이요.

직원 : 이것은 어떠세요? 이번에 새로 나온 담배입니다. 일반적인 두께의 담배입니다.

고객 : 독하지 않나요?

직원 : 아니요, 이것은 약한 담배로 냄새를 대폭적으로 줄인 담배입니다.
그래서 여성 고객에게도 사랑받는 담배입니다.

고객 : 일본에 입국할 때 몇 보루까지 면세인가요?

직원 : 외국제품은 1보루, 일본제품은 1보루까지 면세입니다.
그 이상의 담배를 산 경우에는 반드시 신고해서 세금을 납부하셔야만 합니다.

고객 : 그럼, 그것을 1보루 주세요.

단어장   Track 95

이번	今回(こんかい)
담배	タバコ
1인당	お一人当たり(ひとりあ)
보루	カートン
신고	申告(しんこく)
세금을 물다	税金を払う(ぜいきんはら)
박하	ペパーミント
맨솔	メンソール
냄새	匂い(にお)
대폭적으로	大幅に(おおはば)
줄이다	減らす(へ)
두께	厚さ(あつ)
슬림	スリム
메탈케이스	メタルケース
종이상자	紙箱(かみばこ)
딱딱한, 단단한	堅い(かた)
옆	横(よこ)
밀다	押す(お)
열다	開ける(あ)
라이터	ライター
입국	入国(にゅうこく)
외국제	外国製(がいこくせい)
일본제	日本製(にほんせい)
한국제	韓国製(かんこくせい)

5 담배 및 주류 코너 - 주류

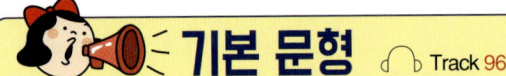 Track 96

이것은 스코틀랜드 스카치 위스키입니다.
こちらはスコットランドのスコッチウィスキーでございます。

알코올 도수는 20/30/40도입니다.
アルコールの度数は20度/30度/40度でございます。

용량은 500ml, 700ml, 1L가 있습니다.
容量は500ml、700ml、1Lがあります。

술은 12년/17년/30년산이 있습니다.
お酒は12年、17年、30年産があります。

2병이 세트로 되어 있어 단품보다 더욱 저렴합니다.
2本セットになっていて単品より、より安いです。

이것은 미니어처가 5개 들어 있는 세트 상품입니다.
こちらはミニチュアが5つ入ってあるセットの商品でございます。

연도에 따라 가격이 다릅니다.
年度によってお値段が違います。

이 술은 한정판입니다.
こちらは限定版でございます。

이 술은 면세점 단독판매 상품입니다.
こちらは免税店の単独販売の商品でございます。

이 술은 마실 때의 느낌이 부드럽고 향이 풍부합니다.
こちらは飲み心地がソフトで、香りが豊かです。

> 이 술은 약간 단맛이 나기 때문에 순하게 드실 수 있습니다.

こちらは少し甘味があるので円やかに飲めます。

> 이 술은 맛이 쓰고 강합니다.

こちらは味が苦くて強いです。

> 이 술은 맛이 순합니다.

こちらは味が円やかです。

> 술은 오래 숙성시키면 시킬수록 맛과 향이 더욱 좋습니다.

お酒は長く熟成すればするほど、味と香りがもっといいです。

> 위스키의 주원료는 보리이며, 대부분 블랜디드 위스키입니다.

ウィスキーの主な原料は麦で、ほとんどブレンデッドウィスキーでございます。

> 여성들이 좋아하는 양주입니다.

女性に好まれる洋酒でございます。

> 술은 차갑게 해서 마시면 맛이 더욱 좋습니다.

お酒は冷して飲むと、さらにおいしいです。

> 얼음을 넣어 마셔도 좋습니다.

氷を入れて飲んでもいいです。

> 오렌지주스와 섞어도 좋습니다.

オレンジジュースと混ぜてもいいです。

> 온더록으로 마셔도 좋고 소다워터와 섞어도 좋습니다.

オンザロックで飲んでもいいですし、
ソーダウォーターと混ぜてもいいです。

TIP 온더록(on the rocks)은 얼음에 위스키 등을 부어 마시는 일 또는 그런 음료를 말한다.

 # 담배 및 주류 코너 – 주류

> 병이 예뻐서 장식용으로 사용해도 좋습니다.

瓶がきれいなので、飾り用で使ってもいいです。

> 이것은 (프랑스산) 와인입니다.

こちらは (フランス産)のワインです。

| 이탈리아산, 호주산, 미국산, 캐나다산, 포르투갈산 | イタリア産, オーストラリア産, アメリカ産, カナダ産, ポルトガル産 |

> 와인은 맛이 떫은맛과 단맛 2종류가 있습니다.

ワインは味が渋味と甘味の2種類があります。

> 저희 면세점에서는 다양한 종류의 와인을 판매하고 있습니다.

私どもの免税店ではいろいろな種類のワインを販売しております。

> 이것은 1등급 와인입니다.

こちらは一級のワインでございます。

> 이것은 적포도주/백포도주/스파클링 와인입니다.

こちらは赤葡萄酒/白葡萄酒/スパークリングワインでございます。

TIP 스파클링 와인(sparkling wine)은 발포성 포도주. 두 번째 발효에서 생기는 탄산가스를 포함한 포도주로, 프랑스의 샴페인이 대표적이며 이탈리아의 스푸란테, 독일의 젝트도 그런 와인이다.

> 아이스 와인은 캐나다산이 가장 유명합니다.

アイスワインはカナダ産がいちばん有名です。

> 탄닌이 강해 떫은맛이 나는 와인입니다.

タンニンが強くて渋味のあるワインでございます。

TIP 탄닌(Tannin)은 오배자(五倍子) 등의 식물 속에 많은 노란 가루를 일컫는다.

> 단맛이 강해 술을 못 마시는 분에게 추천해드립니다.

甘みが強くてお酒がにがてな方におすすめいたします。

> 포르투갈 와인은 오랫동안 두고 마셔도 무방하며 알코올 도수는 높은 편입니다.

ポルトガルのワインは長い間において飲んでもいいですし、アルコールの度数は高い方です。

프랑스 와인은 보르도 지역과 부르고뉴 지역의 와인으로 나뉩니다.

フランスのワインはボルドーの地域とブルゴーニュの地域のワインに分けられます。

TIP 보르도(Bordeaux)는 프랑스 남서부 지롱드 현의 항구도시로 주변이 포도 생산지로 유명하며, 부르고뉴(Bourgogne)는 프랑스 중부의 손(Saône) 강 우안의 지방으로 포도재배와 포도주가 유명하다.

와인은 프랑스산이 가장 유명하지만 미국, 호주, 칠레, 스페인 와인도 인기가 있습니다.

ワインはフランス産がいちばん有名ですが、アメリカ、オーストラリア、チリ、スペインのワインも人気があります。

이 와인은 상큼하고 청량감이 뛰어납니다.

このワインは爽やかで、清涼感が優れております。

꽃향기와 과일 아로마가 복합적으로 조화가 잘 어우러져 있습니다.

花の香りと果物のアロマが複合的に調和がよくなされております。

술은 1인당 1병까지 면세입니다.

お酒はお一人当たり1本まで免税でございます。

이 술을 사시면 가방을 사은품으로 드립니다. 술은 가방 안에 넣겠습니다.

このお酒をお買い上げになりますと、カバンをギフトでさしあげます。お酒はカバンの中に入れます。

이것은 한국의 전통주인 (소주)입니다.

こちらは韓国の伝統酒である(燒酒)でございます。

| 막걸리, 산삼주, 백세주 | マッコリ, サンサム酒, 百歳酒 |

같은 술이지만 다양한 종류의 병에 담겨 있습니다.

同じお酒ですが、いろんな種類の瓶に入っております。

담배 및 주류 코너 – 주류

> 한국의 전통적인 도자기병으로 매우 한국적이고 고급스럽습니다.

韓国(かんこく)の伝統的(でんとうてき)な陶磁器(とうじき)の瓶(びん)で、とても韓国的(かんこくてき)で高級感(こうきゅうかん)があります。

> 드시기 전에 반드시 흔들어 주세요.

召(め)し上(あ)がる前(まえ)に必(かなら)ずお振(ふ)りください。

> 복분자주는 복분자로 만들어진 과실주입니다.

トックリイチゴ酒(しゅ)はトックリイチゴで作(つく)られた果実酒(かじつしゅ)でございます。

> 요즘은 막걸리에 탄산을 넣어 술을 잘 못 마시는 분이라든지 젊은 여성들에게 인기가 있습니다.

最近(さいきん)はマッコリに炭酸(たんさん)を入(い)れて、お酒(さけ)が苦手(にがて)な方(かた)やお若(わか)い女性(じょせい)たちに人気(にんき)があります。

연습해 봅시다

01 이것은 스코틀랜드 스카치 위스키입니다.

02 용량은 500ml, 700ml, 1L가 있습니다.

03 술은 12년, 17년, 30년산이 있습니다.

04 2병이 세트로 되어 있어 단품보다 더욱 저렴합니다.

05 이것은 미니어처가 5개 들어 있는 세트 상품입니다.

06 이 술은 한정판입니다.

07 술은 오래 숙성시키면 시킬수록 맛과 향이 더욱 좋습니다.

상황 회화 Track 97

職員：いらっしゃいませ。

お客様：ウィスキーを1本買いたいんですが。

職員：こちらはスコットランドのスコッチウィスキーでございます。

ウィスキーの主な原料は麦で、ほとんどブレンデッドウィスキーでございます。

容量は500ml、700ml、1Lがあります。サイズが大きければ大きいほど安いです。

お客様：そうですね。年度は全部同じですか。

職員：いいえ、年度によってお値段が違います。12年、17年、30年産があります。もちろん、30年産の方が高いです。

お酒は長く熟成すればするほど味と香りがよりいいです。

직원 : 어서 오세요.

고객 : 위스키를 한 병 사고 싶은데요.

직원 : 이것은 스코틀랜드 스카치 위스키입니다.
위스키의 주원료는 보리이며, 대부분 블랜디드위스키입니다.
용량은 500ml, 700ml, 1L가 있습니다.
사이즈가 크면 클수록 저렴합니다.

고객 : 그렇군요. 연도는 전부 같나요?

직원 : 아니요. 연도에 따라 가격이 다릅니다. 12년, 17년, 30년산이 있습니다. 물론 30년산이 비쌉니다.
술은 오래 숙성시키면 숙성시킬수록 맛과 향이 더욱 좋습니다.

お客様 ：味はいかがですか。

職員 ：こちらは飲み心地がソフトで香りが豊かです。

そして、こちらは2本セットになっていて単品より安いです。

お客様 ：では、単品で17年産を1本ください。ワインも見せてくれませんか。

職員 ：お客様、お酒は一人当たり1本まで免税でございます。大丈夫ですか。

お客様 ：そうですか。じゃ、もういいです。

고객 : 맛은 어떤가요?

직원 : 이 술은 마실 때의 느낌이 부드럽고 향이 풍부합니다.
그리고 이것은 2병이 세트로 되어 있어 단품보다 저렴합니다.

고객 : 그냥 단품으로 17년산을 1병 주세요. 와인도 보여주시겠습니까?

직원 : 고객님, 술은 1인당 1병까지 면세입니다. 괜찮으신지요?

고객 : 그래요? 그럼 이제 됐습니다.

스코틀랜드	スコットランド
스카치 위스키	スコッチウィスキー
알코올	アルコール
도수	度数(どすう)
연도	年度(ねんど)
한정판	限定版(げんていばん)
단독판매	単独販売(たんどくはんばい)
마시는 느낌	飲み心地(のみごこち)
부드럽다	ソフトだ
단맛	甘味(あまみ)
순하다	円やかだ(まろやかだ)
맛	味(あじ)
숙성	熟成(じゅくせい)
원료	原料(げんりょう)
보리	麦(むぎ)
블랜디드 위스키	ブレンデッドウィスキー
양주	洋酒(ようしゅ)
차게 하다	冷す(ひやす)
얼음	氷(こおり)
오렌지주스	オレンジジュース
온더록	オンザロック
소다워터	ソーダウォーター
병	瓶(びん)
장식용	飾り用(かざりよう)
와인	ワイン
떫은맛	渋味(しぶみ)
1등급	一級(いっきゅう)
적포도주	赤葡萄酒(あかぶどうしゅ)
백포도주	白葡萄酒(しろぶどうしゅ)
스파클링 와인	スパークリングワイン
아이스 와인	アイスワイン
탄닌	タンニン
서투름, 잘 못함	苦手(にがて)
지역	地域(ちいき)
상큼하다	爽やかだ(さわやかだ)
청량감	清涼感(せいりょうかん)

꽃향기	花の香り（はなかおり）	백세주	百歳酒（ひゃくさいしゅ）
과일	果物（くだもの）	도자기	陶磁器（とうじき）
아로마	アロマ	흔들다	振る（ふる）
복합적	複合的（ふくごうてき）	복분자주	トックリイチゴ酒（しゅ）
조화	調和（ちょうわ）	과실주	果実酒（かじつしゅ）
전통주	伝統酒（でんとうしゅ）	탄산	炭酸（たんさん）
소주	焼酒（しょうちゅう）	1인당	一人当たり（ひとりあたり）
막걸리	マッコリ	괜찮다	大丈夫だ（だいじょうぶだ）
산삼주	サンサム酒（しゅ）		

메모

UNIT 05 부록

- 면세점 이모저모
- 연습해 봅시다 정답

📢 면세점

1 면세점의 정의

면세점은 관세법 196조 1항에 따라 출국하는 여행자를 대상으로 면세물품을 판매하는 보세판매장을 의미한다. 보세구역인 면세점에서 산 물건은 외국에서 소비하고 국내로 반입하지 않는 것을 조건으로 하여 상품 매매 시 내국세(TAX)와 관세(TARIFF)를 면제해 준다.

2 면세점의 역사

우리나라에 처음부터 면세점이 있었던 것은 아니다. 1979년 국제관광공사가 외국인 관광객의 쇼핑 편의를 도모하기 위해 시내 면세점에 2개를 설립한 것이 그 시초이다. 그 후 1986년 아시안게임과 1988년 서울 올림픽 개최를 계기로, 면세점이 34개로 증가되었다. 그중 29개가 시내 면세점에 자리를 잡게 되었다. 그러나 1990년대 경제 위기로 외국인 관광객이 감소하여 1999년에는 면세점이 20개로 대폭 감소되었다. 시내 면세점의 경우 29개에서 11개로 줄어들었다. 그러나 2010년 한류열풍으로 인해 중소·중견기업의 특허권 확대로 현재 40개로 증가되었다. 현재는(2016년) 47개의 면세점이 특허권을 보유하고 있다.

3 면세점의 종류와 위치 (2018년 기준)

시내 면세점	서울		신라면세점(장충동점), 롯데면세점(명동본점, 코엑스점, 월드타워점), 동화면세점(광화문점), HDC신라면세점(용산점), 한화갤러리아면세점(여의도점), 신세계디에프면세점(명동점, 강남점), 두타면세점(동대문점), SM면세점(인사동점)	
	인천		엔타스면세점	
	부산		롯데면세점, 신세계면세점	
	제주		롯데면세점, 신라면세점	
출국장 면세점	인천공항	* T1 · T1	롯데면세점, 신라면세점, 신세계면세점 SM면세점, 시티면세점, 엔타스면세점	* T1 : Terminal 1 T2 : Terminal 2
	김포공항		롯데면세점	
	인천항		한국관광공사	
	부산항			
	김해공항		롯데면세점	
	대구공항		신세계면세점	
	평택항		한국관광공사	
	청주공항			
	속초항			
	목포항			
	군산항			
	제주공항		JDC면세점, 롯데면세점	
	제주항		JDC면세점	

4 면세점의 개점 및 폐점시간

	시내 면세점의 영업시간 (오전 9시~오후 21시)	인천공항의 영업시간 (오전 6시 30분~오후 21시 30분)
A조	9시~18시	6시 20분~15시 10분
B조	10시 30분~19시 30분	9시 30분~18시 30분
C조	11시~20시	12시 30분~21시 30분
D조	12시~21시	

여권

1 여권의 정의
- 해외여행을 하는 사람이면 누구나 소지해야만 하는 가장 기초적인 신분증
- 여권 소지자의 소속 국가가 자국인임을 확인해주는 증명서
- 해외여행에 아무런 문제가 없음을 증명해주는 공식적인 문서

2 여권의 종류

PM(Multiple)	일반복수여권(5년, 10년)	대한민국 국적을 보유한 모든 국민이 발급받을 수 있는 여권
PS(Single)	일반단수여권 (1년 안에 1회만 가능)	
PO(Official)	관용여권	여행 목적과 신분에 따라 외교부 장관이 발급에 필요하다고 판단되는 자에게 발급하는 여권
PD(Diplpmatic)	외교관여권	외교업무 및 국제통상을 목적으로 국외를 여행하는 공무원을 위해 발급되는 여권으로, 외교관 이외에 배우자, 자녀 등 기타 기능직 공무원을 제외한 재외공관에 근무하는 현역 군인에게도 발급되는 여권
PT (Travel Certificate)	여행 증명서 (출국지에서 여권을 분실했을 경우 재외공관에서 임시로 발급받는 신분증명서)	출국하는 무국적자나 여권 분실 등 긴급하거나 부득이한 경우 외교부 장관이 여권을 대신하여 발급하는 증명서
PR(Resident)	교포여권	외교부 장관에게 해외이주 신고를 한 해외이주자의 거주 목적의 여권

PM 한국인
PR 해외교포

* 내국인과 교포의 구매한도액이 다르기 때문에 여권의 구분이 필수이다.

 이모저모

🔊 화폐

원

달러

엔	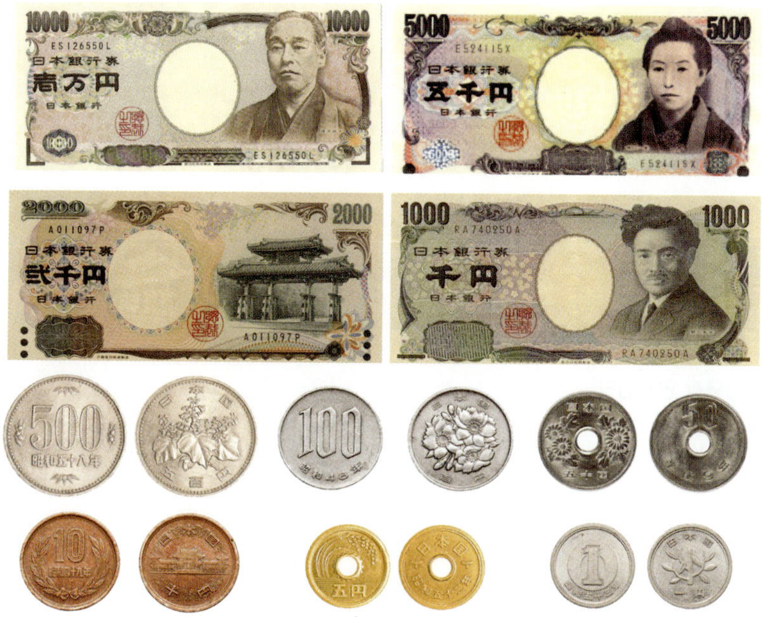10000 日本銀行券 壱万円 5000 日本銀行券 五千円 2000 日本銀行券 弐千円 1000 日本銀行券 千円 500 100 五円 1
위안	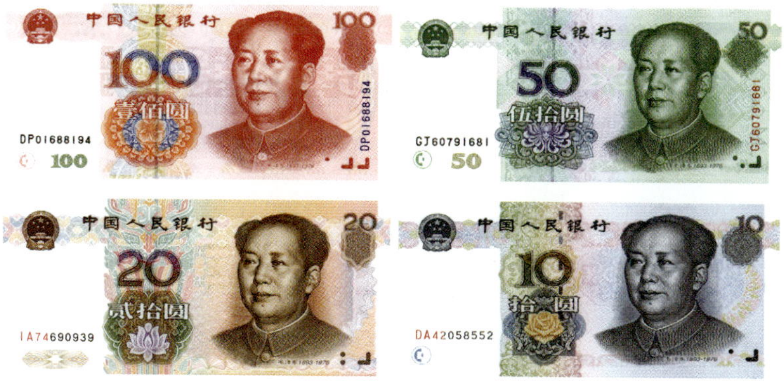中国人民银行 100 壹佰圆 50 伍拾圆 20 贰拾圆 10 拾圆

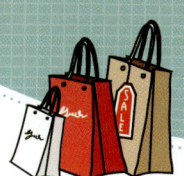

유로
(출국장 면세점인
공항에서만
사용가능)

📢 면세점 이용안내

1 물품 수령 및 물품인도 안내
구입한 상품은 면세품으로서 직접 가지고 갈 수 없으며, 출국 공항의 인도장으로 운송되기 때문에 출국 수속을 마친 후, 탑승 전 공항 인도장에서 여권과 교환권, 탑승권을 보여주고 상품교환을 할 수 있다.

2 항공 티켓 및 여권 지참 안내
출국하는 본인이 여권을 소지하고 출국 정보(출국 날짜, 시간, 공항, 편명)를 반드시 알아야만 쇼핑이 가능하다.

3 면세점 구매 안내

구분	내용
판매 대상	출국 예정 내/외국인, 교포 및 장기 체류 외국인
판매 조건	출국하는 본인의 여권과 전자티켓 지참(예약 내용 확인자료)

 면세품 구매대행은 관세법 위반!

4 면세품의 구매한도액과 반입한도액 안내

	수입품 1인당 구매한도액	토산품 1인당 구매한도액
내국인	$ 3,000 (토산품을 제외한 금액)	한도액 없음
교포 및 외국인	한도액 없음	한도액 없음
	면세품 반입한도액(수입품과 토산품을 합산한 금액)	
내국인	$ 600 (술, 담배, 향수 미포함)	
교포 및 외국인	$ 600 (술, 담배, 향수 미포함)	

 입국 시 면세 구입 물품과 해외 구입 물품의 총액이 1인당 600달러 이하일 경우 신고하지 않아도 되지만, 600달러를 초과한 경우 세관에 신고하여 세금을 자진 납부하여야 한다. 미신고 시 과태료 및 범칙금이 부과된다.

 기본 면세 범위(600달러)와 관계없이 면세가 되는 품목은 1L 이하이면서 400달러 이하인 주류 1병, 담배(궐련) 200개비인 1보루, 향수 60ml 1병까지이다.

5 면세품 구입 시 유의사항 안내

- 면세한도액을 초과한 상품을 가지고 국내로 반입하는 경우, 세관에 자진신고를 해야 하고 자진신고를 하지 않을 경우 40%의 가산세를 부과하거나 관세법에 의해 처벌받을 수 있다.
- 면세점에서 상품을 교환 또는 환불받고자 할 경우에는 해외에서 국제우편을 통해 교환 또는 환불을 요청할 수 있다. 만약 교환 또는 환불 대상 상품을 여행자가 직접 가지고 입국할 경우에는 세관에 자진신고해야 하며, 교환품은 출국 시 출국장 인도장에서 받을 수 있다.
- 면세범위 초과 상품에 대한 세액
  $ 1,000 이하의 상품 20%
  $ 1,000 이상의 가방 20%, 화장품 20%(향수 35%), 의류 25%(모피 30%), 위스키 156%, 와인 68%

6 면세품 판매 시 유의사항

- 판매 완료 후 여권번호, 성명, 생년월일 등을 반드시 재확인 후 입력한다.
- 구 여권은 유효기간이 남아 있더라도 판매가 불가능하며, 반드시 전자여권을 가지고 있을 때만 판매할 수 있다.
- 상품 인도 시 구매자 본인이 여권, 탑승권, 교환권을 지참해야 상품을 인도받을 수 있음을 반드시 안내한다.
- 한 품목 당 $ 2,000 이상의 상품은 여권, 탑승권, 교환권을 지참하여 인도장 직원이 세관원에게 확인시킨다.
  (시계, 보석, 가방 등)
- 판매된 상품은 색상, 사이즈, 재질, 불량 여부 등을 사전에 체크한 후 고객에게 확인시킨다.

7 물품 인도장 안내

		GATE	항공사명	인도장
인천공항	T1	29번 게이트 옆	아시아나항공	서편
		121번 게이트 옆	외항사	탑승동
		119번 게이트 뒤쪽	CA(중국국제항공) 전용	서편 탑승동
	T2	252번 게이트 건너편 4층	대한항공	
기타		3층 38번 게이트 옆	김포공항	
		2층 출입국 관리소 옆	김해공항	
		2층 출입국 관리소 뒤쪽	제주공항	
		2층 출입국 관리소 뒤쪽	청주공항	
		2층 출입국 관리소 뒤쪽	대구공항	
			속초공항	
			양양공항	
		출입국 관리소 뒤쪽	부산항	
			인천항	
			평택항	

* 상황에 따라 변경될 수 있음

📢 면세점에 입점된 상품의 종류 및 브랜드

1 상품의 종류

구분	내용
수입품	패션 부티크, 화장품 및 향수, 시계 및 보석, 선글라스, 액세서리, 양주 및 담배 등
토산품	자수정, 정관장, 김치, 김, 전자제품, 기념품, 과자, 담배 등

2 브랜드

품목	브랜드				
화장품/ 향수	아라미스 (アラミス)	아르마니 (アルマーニ)	안나수이 (アンナスイ)	입생로랑 (イブ・サンローラン)	SKII (エスケーツー)
	에스티로더 (エスティローダー)	엘리자베스아덴 (エリザベスアーデン)	오휘 (オフィ)	가네보 (カネボウ)	클라란스 (クラランス)
	크리스챤 디올 (クリスチャンディオール)	크리니크 (クリニーク)	겔랑 (ゲラン)	고세 (コーセー)	시세이도 (シセイドウ)
	시슬리 (シスレー)	지방시 (ジバンシー)	질스튜어트 (ジルスチュアート)	샤넬 (シャネル)	슈에무라 (シュウウエムラ)
	설화수 (ソルファス)	비오템 (ビオテルム)	불가리 (ブルガリ)	헤라 (ヘーラー)	헬레나 루빈스타인 (ヘレナルビンスタイン)
	베네피트 (ベネフィット)	바비브라운 (ボビイブラウン)	라네즈 (ラネージュ)	랄프 로렌 (ラルフローレン)	랑콤 (ランコム)
	록시땅 (ロクシタン)	로레알 (ロレアル)			
구두	아 테스토니 (ア・テストーニ)	캠퍼 (カンペール)	지미추 (ジミーチュウ)	던힐 (ダンヒル)	토리버치 (トリーバーチ)
	토즈 (トッズ)	발리 (バリー)	페라가모 (フェラガモ)	레페토 (レペット)	로저비비에 (ロジェ・ヴィヴィエ)

가방/ 지갑	에스카다 (エスカーダ)	에트로 (エトロ)	MCM (エムシーエム)	에르메스 (エルメス)	까르띠에 (カルティエ)
	크리스챤 디올 (クリスチャン ディオール)	끌로에 (クロエ)	구찌 (グッチ)	코치 (コーチ)	샤넬 (シャネル)
	지방시 (ジバンシー)	셀린 (セリーヌ)	닥스 (ダックス)	던힐 (ダンヒル)	토즈 (トッズ)
	버버리 (バーバリー)	발리 (バリー)	발렌시아가 (バレンシアガ)	페라가모 (フェラガモ)	펜디 (フェンディ)
	훌라 (フルラ)	불가리 (ブルガリ)	프라다 (プラダ)	보테가 베네타 (ボッテガ・ヴ ェネタ)	마크 제이콥스 (マークジェイ コブス)
	밀라숀 (ミラ・ショー ン)	몽블랑 (モンブラン)	루이비통 (ルイヴィトン)	레스포색 (レスポートサ ック)	로에베 (ロエベ)
	롱샴 (ロンシャン)	베르사체 (ヴェルサーチ)			
시계/ 보석	아이그너 (アイグナー)	IWC (アイダブリュー シー)	아르마니 (アルマーニ)	오데마 피게 (オーデマピゲ)	오메가 (オメガ)
	까르띠에 (カルティエ)	구찌 (グッチ)	코치 (コーチ)	시티즌 (シチズン)	스와치 (スウォッチ)
	쇼파드 (ショパール)	쇼메 (ショーメ)	태그호이어 (タグ・ホイヤー)	티쏘 (ティソ)	티파니 (ティファニー)
	파텍필립 (パテックフィ リップ)	피아제 (ピアジェ)	불가리 (ブルガリ)	보메 메르시에 (ボームメルシ エ)	로에베 (ロエベ)
	롤렉스 (ロレックス)	론진 (ロンジン)			

의류	에트로 (エトロ)	에르메네질도 제냐 (エルメネジルド・ゼニア)	센존 (セントジョン)	닥스 (ダックス)	던힐 (ダンヒル)
	휴고 보스 (ヒューゴ・ボス)	페라가모 (フェラガモ)	펜디 (フェンディ)	프라다 (プラダ)	폴스미스 (ポール・スミス)
	막스마라 (マックスマーラー)				
액세서리	아이그너 (アイグナー)	아가타 (アガタ)	제이에스티나 (ジェイエスティナ)	스톤헨지 (ストーンヘンジ)	스와로브스키 (スワロフスキ)
	판도라 (パンドラ)	필그림 (ピルグリム)	폴리폴리 (フォリフォリ)	폰테베키오 (ポンテヴェキオ)	몽블랑 (モンブラン)
선글라스	에스카다 (エスカーダ)	까르띠에 (カルティエ)	크리스챤 디올 (クリスチャンディオール)	끌로에 (クロエ)	구찌 (グッチ)
	샤넬 (シャネル)	지방시 (ジバンシー)	돌체앤가바나 (ドルチェ&ガッバーナ)	몽블랑 (モンブラン)	루이비통 (ルイヴィトン)
	레이븐 (レイベン)	로에베 (ロエベ)			
담배	엔츠 (エンチュ)	에쎄 (エッセ)	켄트 (ケント)	더원 (ザ・ワン)	세븐스타 (セブンスター)
	던힐 (ダンヒル)	디스 (ディス)	버지니아 (バージニア)	필립모리스 (フィリップモリス)	마일드세븐 (マイルドセブン)
	말보로 (マールボロ)	레종 (レゾン)	레서판다 (レッサーパンダ)		

주류	아사히 (アサヒ)	올드파 (オールドパー)	카뮤 (カミュ)	크루보아제 (クルボアジェ)	시바스 리갈 (シーバスリーガル)
	조니 워커 (ジョニー・ウォーカー)	발렌타인 (バレンタイン)	헤네시 (ヘネシー)	맥켈란 (マッカラン)	레미 마르탱 (レミーマルタン)
	로얄 살루트 (ロイヤルサルート)	와일드 터키 (ワイルドターキー)			
넥타이	MCM (エムシーエム)	에르메스 (エルメス)	에르메네질도 제냐 (エルメネジルド・ゼニア)	크리스챤 디올 (クリスチャンディオール)	구찌 (グッチ)
	코치 (コーチ)	샤넬 (シャネル)	지방시 (ジバンシー)	셀린 (セリーヌ)	던힐 (ダンヒル)
	닥스 (ダックス)	발리 (バリー)	휴고 보스 (ヒューゴ・ボス)	페라가모 (フェラガモ)	펜디 (フェンディ)
	밀라숀 (ミラ・ショーン)				
스카프	에트로 (エトロ)	에르메스 (エルメス)	크리스챤 디올 (クリスチャンディオール)	구찌 (グッチ)	샤넬 (シャネル)
	셀린 (セリーヌ)	페라가모 (フェラガモ)	펜디 (フェンディ)		

📢 일본의 국경일

월	일	명칭	설명
1월	1일	오쇼가쓰 (お正月)	연하장을 서로 주고 받으며 하쓰모데(初詣)라 하여 신년 첫 참배를 한다. 음식은 오세치 요리를 만들거나 사서 먹는다. * 1일에서 3일 까지가 공휴일이며 대개 5일까지 신년연휴이다.
	둘째 주 월요일	성인의 날	만 20세가 되면 성인으로 인정받아 음주와 흡연이 가능해진다. 1948년 제정되었으며, 학교 및 지자체 단위로 행사가 열린다.
2월	11일	건국기념일	일본의 초대 천황인 진무(神武)천황이 즉위한 날로, 애국심을 기른다는 취지로 1966년에 공휴일로 지정되었다.
3월	21일 경	춘분	조상의 묘를 찾아가 청소를 하며 성묘하는 날이다.
4월	29일	쇼와(昭和)의 날	쇼와천황의 생일을 기념하는 날이다.
			* 4월 29일부터 5월 5일까지 '골든 위크(Gold Week)'라고 부르는 황금연휴기간이 시작된다.
5월	3일	헌법기념일	1947년 5월 3일 일본국헌법(평화헌법)이 시행된 것을 기념하는 날이다.
	4일	녹색의 날	자연의 은혜에 감사하는 마음에서 지정된 공휴일이다.
	5일	어린이날 (단오절)	남자아이가 씩씩하게 성장하기를 기원하는 날로, 고이노보리(鯉のぼり)라고 하는 잉어모양의 깃발을 세우고 집안에는 무사인형이나 투구를 장식한다.
7월	셋째 주 월요일	바다의 날	바다의 은혜에 감사하는 날이다.
8월	13일~16일	오봉 (お盆)	조상의 영혼을 맞아 대접하고 건강과 행복을 기원하는 날로, 불을 피우고 불단에 공물을 바치며 오봉이 끝날 무렵에는 공물을 강에 떠내려 보내는 의식을 치른다. 각 마을에서는 사람들이 모여 북을 치며 원을 그리며 춤을 추는 '봉오도리'를 즐긴다.
9월	셋째 주 월요일	경로의 날	노인을 공경하는 마음을 가꾸고 장수를 축복하는 날로 1966년에 제정되었다.
	23일 경	추분	조상의 묘를 찾아가 청소를 하고 성묘한다. 1948년에 국경일로 제정되었다.
10월	둘째 주 월요일	체육의 날	1964년 10월 10일에 개최된 도쿄 올림픽을 기념하는 날이다.
11월	3일 경	문화의 날	메이지(明治)천황의 생일로 문화공로자에게 황실에서 훈장을 수여한다.
	23일	근로감사의 날	근로와 생산을 감사히 여기는 날이다.
12월	23일	천황 탄생일	현 일본 천황인 아키히토(明仁)천황의 생일을 기념하는 날이다.

연습해 봅시다 정답

UNIT 03

1. 고객맞이 및 배웅하기 _ 27

01 おはようございます。/ こんにちは。/ こんばんは。

02 いらっしゃいませ。

03 ○○○免税店でございます。

04 営業時間は午前9時半から午後9時まででございます。

05 免税店は年中無休でございます。

06 ごゆっくりご覧ください。

07 ご必要ならばいつでもお呼びください。

08 申し訳ございませんが、本日の営業は終わらせていただきました。

09 またお越しくださいませ。

10 どうも、ありがとうございました。

2. 고객의 니즈 파악하기 _ 31

01 ○○○コーナーでございます。

02 お客様、何かお探しでしょうか。

03 ご自分の物ですか。それとも、お土産ですか。

04 女の方ですか。それとも、男の方ですか。

05 少々お待ちください。

06 お待たせいたしました。

07 申し訳ございませんが、贈り物を受け取られる方の年齢はどのようになられますか。

08 申し訳ございませんが、贈り物を受け取られる方の性別はどのようになられますか。

09 申し訳ございませんが、贈り物を受け取られる方の職業はどのようになられますか。

3. 판매 관련 용어 _ 38

01 これはいかがでしょうか。

02 ご着用(ちゃくよう)されますか。

03 サイズはおいくつですか。

04 サイズの調節(ちょうせつ)はできます。

05 こちらへどうぞ。より多(おお)くの商品(しょうひん)をご覧(らん)いただけます。

06 あいにくお探(さが)しの品物(しなもの)は品切(しなぎ)れでございます。

07 この商品(しょうひん)は男女共用(だんじょきょうよう)でございます。

08 この商品(しょうひん)はお客様(きゃくさま)によくお似合(にあ)いです。

4. 가격 및 할인 관련 용어 _ 46

01 免税店(めんぜいてん)では定価(ていか)で販売(はんばい)しております。

02 価格(かかく)はドルで書(か)かれております。

03 そちらの商品(しょうひん)は120ドルでございます。

04 今日(きょう)のレートで〜ウォン / 円(えん) / ユアンでございます。

05 新商品(しんしょうひん)はセール対象外品目(たいしょうがいひんもく)でございます。

06 メンバーシップカードをお持(も)ちでしたら、10%割引(わりびき)させていただきます。

07 こちらの商品(しょうひん)は割引(わりびき)の価格(かかく)でございます。

08 単品(たんぴん)よりセット商品(しょうひん)の方(ほう)がもっとお買(か)い得(どく)です。

5. A/S 안내 _ 51

01 これは保証書(ほしょうしょ)でございます。

02 アフターサービスをお受(う)けになる際(さい)には、必(かなら)ず保証書(ほしょうしょ)が必要(ひつよう)です。

03 保証書(ほしょうしょ)がなければアフターサービスをお受(う)けになることができませんので、お気(き)をつけください。

04 保証期間(ほしょうきかん)は1年間(ねんかん)でございます。

05 アフターサービスをお受(う)けになる場合(ばあい)には当店(とうてん)にお越(こ)しください。

연습해 봅시다 정답

06 お越しになるのが困難な場合には商品をお送りくださるか、現地のアフターサービスセンターをお訪ねください。

07 この商品は日本/中国でもアフターサービスをお受けになることができます。

6. 결제 및 교환권 작성 안내 _ 62

01 お会計はこちらでお願いします。
02 個人ですか。団体で来られましたか。
03 ショッピングガードを拝見してもよろしいでしょうか。
04 免税品を購入される際には、パスポートとチケットが必要です。
05 パスポートをお願いいたします。
06 ご出発はいつですか。
07 出発の時間と飛行機の便名をお話しください。
08 こちらにサインをお願いいたします。

7. 교환 및 반품 안내 _ 73

01 交換とか返品したい際には、必ず領収書をお持ちください。
02 商品を開封または使った後は商品の交換や返品ができません。
03 領収書を確認させていただきます。
04 お買い上げになった商品が気に召さない場合は、返金させていただきます。
05 これは不良品ですので、新しいものにお取り替えさせていただきます。
06 同じもので色の違う品物になさいますか。
07 ご迷惑をおかけして申し訳ございません。
08 交換と返品はお会計されたカウンターのみで可能です。
09 交換や返品のためには、決済されたクレジットカードが必要です。
10 これはキャンセルした領収書です。

8. 매장 또는 장소 관련 안내 _ 77

01 両替所は入口の右側にございます。
02 お客様の休憩室は左側に曲がったらすぐあります。
03 仁川空港のお受け取り場所は3階の28番ゲートの隣にございます。
04 トイレはここから左側にまっすぐ行かれますと、すぐあります。
05 免税店のVIPカードは案内デスクで発給しております。
06 案内デスクはエレベータの前にあります。

UNIT 04

1. 화장품 및 향수 코너 – 화장품 _ 90

01 どなた様がお使いになられる製品をお探しですか。
02 申し訳ございませんが、お使いになる方はおいくつですか。
03 テストいたしましょうか。
04 お肌のタイプは何ですか。
05 お肌のタイプにはオイリー、中性、乾性、敏感性があります。
06 染みとソバカスに効果のある美白機能の化粧品です。
07 この化粧品はお肌に弾力を与えるリフティングの効果があります。
08 この化粧品はお肌を再生させる効果が含まれています。

1. 화장품 및 향수 코너 – 향수 _ 99

01 この香水は特にお若い方が好きな香りです。
02 この香水は30mlと50ml、100mlの3種類が あります。
03 これよりもっと大きい/小さいサイズもあります。
04 香水を2本以上買い上げになりますと、10％割引させていただきます。
05 この香水は甘い香りです。
06 この香水は他の香水より香りが長く持続します。
07 この商品は女性用 / 男性用の香水です。

연습해 봅시다 정답

08 香水はボディークレンジングとボディーローションをいっしょに使うと香りが長く持続します。
09 香水をお使いになった後は瓶の蓋を必ず閉じてください。

2. 부티크 코너 - 가방 및 지갑 _ 108

01 こちらのカバンはスモール、ミディアム、ラージの3種類のサイズがあります。
02 この商品はシープスキンなので柔らかくて軽いですが、傷つきやすいです。
03 革には牛革、シープスキン、豚革、蛇皮、ワニ皮、オストリッチなどがあります。
04 こちらのカバンは紐の調節ができます。
05 こちらのカバンは革ではなく布で作られたので、軽くて持ちやすいです。
06 このカバンは季節に関係なく使えますので、実用的です。
07 このカバンは流行にあまり左右されません。
08 ルイヴィトンのカバンはフランス製で、世界的にも有名なブランドです。
09 財布の種類には長財布、半財布、小銭入れなどがあります。
10 この財布は特に小銭入れが付いていて、使いやすいです。
11 このスタイルで他のブランドもあります。
12 これは合成皮革なので、お値段も安くて軽いです。
13 今年、流行りのスタイルで、最高に人気のある商品です。
14 シープスキンは牛革よりもっと柔らかいです。
15 こちらは男性用の財布で、あちらは女性用の財布です。

2. 부티크 코너 - 구두 _ 116

01 靴のサイズはおいくつですか。
02 両方とも履いて見ましょうか。
03 履き心地はいかがですか。
04 牛革の製品ですので履いていると革が少し伸びます。

05 靴はアフターサービスができません。

06 履いて歩いて見てください。

07 このデザインの方がお客様によくお似合いです。

08 サイズはブランドごとにちょっと違います。

2. 부티크 코너 – 벨트 _ 124

01 免税店ではサイズの調節ができません。

02 このベルトはリバーシブルで使える商品でございます。

03 ベルトのバックルと革だけは買えません。

04 このバックルは18K/銀/プラチナ鍍金でございます。

05 このベルトはフォーマルウェア(正装)によくお似合いです。

06 これはカジュアルな服装によくお似合いのベルトです。

07 このベルトはどんな服装にもよくお似合いです。

2. 부티크 코너 – 의류 _ 132

01 お土産を受け取られる方の年齢/体格はどのくらいですか。

02 ブランドごとに表示が違います。

03 こちらの服は水洗いができます。

04 Tシャツは試着できません。

05 このブラウスは100%シルクでございます。

06 このズボンの素材は綿でございます。

07 このセーターの素材はカシミアでございます。

08 このシャツにはこちらの色/形/デザインがお似合いだと思います。

2. 부티크 코너 – 넥타이 _ 144

01 特にお探しのブランドはございませんか。

02 ネクタイは100%シルクでございます。

연습해 봅시다 정답

03 特にお好きなカラーはございませんか。
04 この商品はデザインがおしゃれなネクタイです。
05 このネクタイは青いワイシャツとよく似合います。
06 ネクタイの素材はほとんどシルクで、ウールあるいは綿もあります。
07 このネクタイは季節に関係なく締められる素材でございます。

2. 부티크 코너 – 스카프 _ 149

01 この商品は女らしい感じのスカーフでございます。
02 このスカーフは100％シルクでございます。
03 そのマフラは100％カシミアでございます。
04 シルクの製品ですので、必ずドライクリーニングしなければなりません。
05 こちらは長方形の長いショールでそちらは正方形のショールです。
06 このショールは100％ウールで、3種類のカラーがございます。
07 お肌の明るい方には明るい系統のスカーフがよくお似合いです。

2. 부티크 코너 – 액세서리 _ 154

01 アクセサリ製品はたやすく変色しにくいですが、水に触れないように気をつけてください。
02 この商品はメッキ処理されておりまので、汗により変色するかもしれません。
03 金属アレルギーはございますか。
04 この商品の材質はシルバーでございます。
05 このネクレスは金メッキでございます。
06 このイヤリングはプラチナメッキでございます。
07 この製品はダイヤモンドではなく、キュービックでございます。

3. 귀금속 코너 – 보석 및 자수정 _ 160

01 ネックレスとセットで指輪もあります。
02 このネックレスに似合う指輪/イヤリングもあります。
03 指輪のサイズは何号ですか。
04 この指輪を一度はめてみませんか。
05 イヤリングですか。ピアスですか。
06 このダイヤモンドはカッティングがよくできた商品でございます。
07 ここにある商品はたいていプラチナと18Kになっております。

3. 귀금속 코너 – 시계 _ 168

01 この商品は自動巻き時計/クォーツ時計でございます。
02 この時計は200メートル防水です。
03 水泳する時につけてもかまいません。
04 この時計は100メートルの生活防水だけです。
05 水にふれないようにお気をつけください。
06 このブランドはスイス製でございます。
07 この時計を一度つけてみますか。

3. 귀금속 코너 – 선글라스 _ 176

01 お客様にはおしゃれなデザインがよくお似合いだと思います。
02 サングラスは登山、釣り、水泳、海辺などで多様に使えます。
03 どんな形のサングラスをお探しですか。
04 100％紫外線が遮断されます。
05 最近はフレームの大きいサングラスが流行りでございます。
06 フレームの色は黒とブラウンが無難です。
07 サングラスの種類には大きくメタル、プラスチック、縁無しに分けられます。

4. 토산품 코너 - 인삼 _ 181

01 人参商品の種類には大きくエキス、お茶、粉末、カプセル、飴のタイプがございます。
02 エキスは効能がとてもいいです。
03 エキスは100％原液で、特に糖尿病と肝臓が悪い方によりいいです。
04 エキスは一日に2～3回ほどお湯に溶かして飲んでください。
05 蜂蜜を入れて飲むとより効果的です。
06 カプセルはいちばん手軽に飲めるタイプです。
07 粉末はお茶のように飲む商品でございます。

4. 토산품 코너 - 식품 _ 186

01 この商品は韓国の伝統的な食べ物でございます。
02 キムチは韓国を代表する伝統的な食品でございます。
03 キムチは白菜キムチ、チョンガクキムチ、カクテキ、水キムチ、ねぎキムチがあります。
04 キムチは真空パックをしてさしあげますので、心配しなくても大丈夫です。
05 海苔は軽くてお荷物にもなりませんので、お土産として人気があります。
06 海苔は在来海苔と岩海苔があります。
07 海苔はご飯と一緒に召し上がってもいいですし、摘みとしてもいいです。
08 賞味期限は表面の下に書かれております。

5. 담배 및 주류 코너 - 담배 _ 194

01 これは今回新しく出たタバコでございます。
02 これは韓国人/日本人/中国人がいちばん好きなタバコでございます。
03 韓国ではお一人当たり1カートンまで免税でございます。
04 そちらよりこちらの方がもっと強い/弱いタバコでございます。
05 女性のお客様に愛されるタバコでございます。
06 スリムタイプのタバコでございます。

5. 담배 및 주류 코너 - 주류 _ 203

01 こちらはスコットランドのスコッチウィスキーでございます。
02 容量(ようりょう)は 500ml、700ml、1Lがあります。
03 お酒(さけ)は12年(ねん)、17年(ねん)、30年産(ねんさん)があります。
04 2本(ほん)セットになっていて単品(たんぴん)より、より安(やす)いです。
05 こちらはミニチュアが5つ入(はい)ってあるセットの商品(しょうひん)でございます。
06 こちらは限定版(げんていばん)でございます。
07 お酒(さけ)は長(なが)く熟成(じゅくせい)すればするほど、味(あじ)と香(かお)りがもっといいです。

초판발행	2017년 8월 10일
1판 2쇄	2018년 8월 15일

저자	이은주, 이은숙
펴낸이	엄태상
책임 편집	진현진, 윤영자, 조은형, 신명숙
제작	조성근, 전태준
마케팅	이승욱, 오원택, 전한나, 왕성석
온라인 마케팅	김마선, 유근혜, 김제이
경영지원	마정인, 김영희, 김예원

펴낸곳	(주)시사일본어사
주소	서울시 종로구 자하문로 300 시사빌딩
주문 및 교재 문의	1588-1582
팩스	(02)3671-0500
홈페이지	www.sisabooks.com
이메일	sisa_book@naver.com
등록일자	1977년 12월 24일
등록번호	제300 - 1977 - 31호

ISBN 978-89-402-9212-9 13730

* 이 교재의 내용을 사전 허가 없이 전재하거나 복제할 경우 법적인 제재를 받게 됨을 알려드립니다.
* 잘못된 책은 구입하신 서점에서 교환해드립니다.
* 정가는 표지에 표시되어 있습니다.